www.tredition.de

AF197557

Anja Klaus

# Terra incognita

## Auf Schatzsuche im Auendorf Zöschen

© 2019 Anja Klaus
Umschlagsfoto: Anja Klaus; Wanderweg von Zöschen nach Dölkau
Lektorat, Korrektorat: Maria Rudschewski

Verlag & Druck: tredition GmbH, Halenreie 40-44, 22359 Hamburg

ISBN
Paperback    978-3-7482-3064-9
Hardcover    978-3-7482-3065-6
e-Book       978-3-7482-3066-3

# Inhaltsverzeichnis

# Grußwort der Bürgermeisterin

Liebe Leserinnen und Leser,

in Vorbereitung der 750-Jahr-Feier unserer Ortschaft Zöschen konnten die Organisatoren des Festes die Autorin Anja Klaus dafür gewinnen, ihre imposanten Geschichten der Reihe *Auf Schatzsuche…* nicht nur im Stadtanzeiger, sondern nun auch in Buchform zu veröffentlichen.

Sie schreibt mit eigenem Fachwissen und scheut weder Zeit noch Mühe um wichtige geschichtliche Informationen zu recherchieren. Dabei nutzt sie eine moderne und anschauliche Ausdrucksform, sodass auch für weniger Geschichtsinteressierte und alle Generationen, diese Artikelreihe im örtlichen Stadtanzeiger wirklich lesenswert geworden ist.

Die unterschiedlichsten Themen, von der Vereinsarbeit bis zu den Denkmälern, wurden durch sie bereits beleuchtet und so manches Geheimnis gelüftet. In dem Ihnen nun vorliegenden Buch wurde ihre Artikelreihe um einige interessante Geschichten und Anekdoten erweitert.

Wir wollen diese Festwoche, die an die urkundliche Ersterwähnung von Zöschen im Jahre 1269 als Zeseme erinnert, nutzen und die Erzählungen aus der Vergangenheit und der Gegenwart mit diesem kleinen Buch für die Nachwelt festhalten.

Ich danke Anja Klaus recht herzlich für ihre Bemühungen und ihr Engagement. Sie hat wichtige Fakten zusammengetragen und mit viel Liebe zum Detail aufgearbeitet.

Ebenfalls gilt mein Dank allen Mitwirkenden aus unserer Ortschaft, den Archiven und den Vereinen, die dazu beigetragen haben, dass Anja Klaus immer wieder Material, egal ob in Schrift- oder Bildform, für ihre Arbeit erhielt.

Besonderer Dank gilt dem Landkreis Saalekreis, der Stadt Leuna, dem Heimat- und Geschichtsverein Zöschen e.V. sowie den Ortschaftsräten von Zöschen für die finanzielle und ideelle Unterstützung, ohne die ein solches Buchprojekt kaum möglich gewesen wäre.

Andrea Engelmann

Ortsbürgermeisterin

# Überflüssiger Senf der Autorin

Lieber Leser,

es ist mir wohl bewusst, dass eigentlich niemand Vorworte liest, doch ich konnte dem überwältigenden inneren Bedürfnis nicht widerstehen, gegen alle Regeln der Vernunft dennoch eins zu verfassen. Und anscheinend hat es sich gelohnt, denn zumindest Sie haben schon einmal die Einleitungssätze gelesen.

Vor einiger Zeit stieß ich bei einem mehr oder weniger koordinierten Streifzug durch Leipzigs Buchhandlungen auf der Jagd nach neuem Lesestoff auf ein Buch mit dem ansprechenden Titel *Wo der Hund begraben liegt...: Reisen durch die deutsche Provinz*. Mein erster Gedanke war: „Oh Mist, anscheinend hatte jemand eine ähnliche Idee wie ich – nur früher". Mit vor Enttäuschung kraftlosen Fingern schlug ich das Buch auf und las das Inhaltsverzeichnis. Auf den ersten Blick konnte ich meine Heimatregion nicht entdecken, dann dämmerte mir, sie ist wahrscheinlich unter *Saale-Unstrut-Triasland* zu finden. Hingeblättert, durchgeblättert ... und nichts. Freyburg, Sangerhausen, Naumburg, Merseburg ... Und das war's. Wo waren denn die Dörfer, die eigentliche Provinz bei dieser „Reise durch die deutsche Provinz" geblieben?

Und was sagt es über meine Heimat aus, wenn sie noch nicht einmal in einem Buch über Gegenden erwähnt wird, in denen laut Meinung jenes Autors der Hund begraben liegt? Vielleicht, dass bei uns der Hund schon längst vermodert ist? Mein nicht gerade gering geratener persönlicher Stolz ließ diese zugegebenermaßen recht plausibel klingende Schlussfolgerung nicht zu. Und genau das ist der Grund, warum Sie nun diese Zeilen lesen. Denn ob Sie es glauben oder nicht, selbst in den kleinen, ignorierten Orten unseres Landes – den modernen *terrae incognitae* – gibt es viel mehr zu entdecken, als selbst die Einwohner je für möglich hielten.

Kommen Sie also mit auf eine Schatzsuche in einen unentdeckten Winkel der Elster-Luppe-Aue! Davon haben Sie noch nie etwas gehört? Kein Grund sich zu schämen, Sie gehören damit zu 98 % der deutschen Bevölkerung. Aber wer will schon sein wie alle anderen?

… Ach, Sie haben davon gehört? Na, dann gehören Sie wahrscheinlich zu den 2 % der hier Ansässigen. Genau wie ich.

Aber ganz gleich ob Aue-Neuling oder Einheimischer – lassen Sie uns einfach gemeinsam auf Reisen gehen und dieses unbekannte Fleckchen Erde neu entdecken!

Anja Klaus

**Abbildung 1 - Zwei Postkarten aus Zöschen, ca. um 1900**

# WILLKOMMEN IN ZÖSCHEN...

## ...bei tragischer Liebe, Kuchengelagen, Rosen für Paris und Zwangsarbeit

Zugegeben, es klingt nach einer seltsamen Zusammenstellung. Doch all dies und noch einiges mehr kann man entdecken, wenn man einmal den Schleier der Zeit lüftet.

„Natürlich", winken Sie jetzt ab, „Alles schon einmal gehört und gesehen." Historische Orte gibt es zur Genüge und Geschichten noch mehr. Doch was, wenn ich Ihnen sage, dass alle Geschichten, die ich Ihnen erzählen möchte, an ein und demselben Ort spielen?

„Keine Kunst", werden Sie abwehren. Schließlich stolpert man in den meisten Städten mit beinahe jedem Pflasterstein auch über eine neue Erzählung oder Anekdote. Doch ich rede hier nicht von Berlin, Hamburg oder München – ja, noch nicht einmal von Leipzig, Halle oder dem sagenumwobenen Harz. Nein, ich rede von einem kleinen Örtchen an der B181 zwischen Merseburg und Leipzig, das Sie bestimmt schon einmal durchquert haben, wenn Sie zum Einkaufsbummel ins Nova Eventis gefahren sind: Zöschen.

„Und da soll es genug Interessantes für ein ganzes Buch geben?"

Na, und ob.

Ich habe Leute schon öfter sagen hören, dass hier bei uns im Auegebiet irgendetwas Seltsames im Wasser sein muss, weil die Einwohner so an ihrer Heimat hängen. Und so ganz Unrecht haben diese Leute nicht. Obwohl ich für mein Leben gern reise und fremde Länder und Kulturen entdecke, ist und bleibt die Aue rund um mein Heimatdorf Zöschen für mich der schönste Fleck auf Erden: Im Frühling, wenn die ersten Sonnenstrahlen die Luft erwärmen und ich mit einem Buch am Schlossteich in Dölkau sitze; im Sommer, wenn die Hitze über den Kornähren flimmert und der Klatschmohn am Feldrand rot leuchtet; im Herbst, wenn der Horburger Wald sich in ein prächtiges Farbenspiel aus Gold und Bronze verwandelt und im Winter, wenn die Luft nach Rauch und Schnee duftet – selbst wenn selten einmal welcher fällt.

Zöschen (übrigens mit langem „ö", mein lieber öffentlicher Nahverkehr – und Rundfunk, wenn wir schon einmal dabei sind) ist für europäische Verhältnisse offiziell kein Methusalem. Der Ort wurde im Jahr 1269 erstmals urkundlich erwähnt, doch seine Wurzeln liegen viel weiter zurück in heidnischer Zeit. In altsorbischer Sprache bedeutet *Zseseme* so viel wie „der in diesem Land Wohnende" oder „der Hiesige" – anscheinend waren die Zöschener schon von jeher ziemlich heimatliebend ... beziehungsweises froh, endlich eine dauerhafte Heimat gefunden zu haben.

Nachdem Mitte des 6. Jahrhunderts die zuvor an Saale, Elbe und Oder siedelnden germanischen Stämme ihre Dörfer verlassen hatten und in das aufstrebende Frankenreich gezogen waren, machten sich im Zuge einer Völkerwanderung auch die aus dem Karpatenraum stammenden Slawen auf den Weg nach Westen. „Go West" auf Europäisch sozusagen, lange bevor die Amerikaner mit Maulesel und Planwagen Richtung Pazifikküste rumpelten.

Wissenschaftler vermuten, dass sie über Jahre, Jahrzehnte, sogar über Generationen hinweg immer weiter Richtung Oder und schließlich Elbe und Saale vordrangen, immer auf der Suche nach fruchtbarem Siedlungsgebiet. Dabei erwartete die Slawen keineswegs ein verlassenes, aber dennoch gemachtes Germanennest, wie man vielleicht vermuten mag. Schon die Römer hatten es aufgegeben, weiter in unsere unwirtlichen östlichen Breiten vorzudringen, sodass in diesem Gebiet auch keine ehemals römischen Kulturlandschaften vorhanden waren. Die Slawen mussten mächtige Wälder roden und das Land urbar machen, als sie sich im 7. Jahrhundert hier niederließen.

Meist wird das slawische Hauptsiedlungsgebiet auf die Gegend zwischen Oder und Elbe eingegrenzt. Es ist anzunehmen, dass über die Elbe hinweg Richtung Saale die Siedlungsgebiete ausdünnten, da die Saale alten Karten zufolge die natürliche Schnittstelle zwischen Germanen- und Slawengebiet darstellte. Zöschen kann also als eine Art Grenzsiedlung gesehen werden, in der letztendlich vielleicht sogar Germanen und Slawen zusammenlebten. Dass die Slawen aber überhaupt bis hierher kamen und sich auch niederließen, beweisen all die wohlklingenden Ortsnamen der Gegend, die mit auffällig vielen Zischlauten aufwarten: Zöschen, Zweimen, Zscherneddel, Kötzschau, Zschöchergen, Möritzsch und so weiter und so fort.

Das ruhige Leben hatte allerdings bald wieder ein Ende, als auf der anderen Seite der Saale hoch über dem Fluss ein Bistum gegründet wurde, von welchem aus diese ganzen Heiden am Ostufer zum „wahren Glauben" bekehrt werden sollten. Aber wir wollen ja nichts überstürzen. Das ist nämlich Teil einer ganz anderen Geschichte. Chronologisch kann schließlich jeder.

Und so werde ich Ihnen auf den kommenden Seiten Geschichten über Rosenkavaliere, königliche Intermezzi, Kriegswirren, Religionsstreitigkeiten, öffentliche Kuchengelage, die dunklen Tage des Nationalsozialismus, ein altes Adelsgeschlecht und einen Mord aus Liebe erzählen – in einem Dorf, das keiner kennt. Aber das werden wir ändern!

# GESCHICHTEN AUS DER GESCHICHTE

Ich habe lange gegrübelt, wie dieses Buch aussehen soll. Ein paar aneinander gereihte Artikel? Eine lineare geschichtliche Abhandlung? Oder ein klassischer Reiseführer, wie sie reihenweise in den Regalen der Buchhandlungen dieser Welt stehen?

Das erste war mir zu wirr, das zweite zu trocken und das dritte … nun ja, ich liebe meinen Ort zwar über alles, aber mit nach Stadtteilen gegliederten Sehenswürdigkeiten, dazugehörigen Landkarten und Metroplänen kann er nun weiß Gott nicht aufwarten.

Also dachte ich mir: Wenn ich schon ein verrücktes Buch über ein Fleckchen moderner *terra incognita* schreibe, kann ich das auch auf verrückte Art und Weise tun. Da mein winziger innerer Ordnungsfanatiker aber überhaupt keinen Gefallen an purem Chaos findet, beginne ich nun doch so, wie 99 % aller Autoren: mit den Anfängen, der Historie. Und wenn dem Wort *Geschichte* schon nur ein winziger Buchstabe fehlt, um Geschichte<u>n</u> daraus zu machen, warum dann Muße auf einen lächerlich unpersönlichen Zeitstrahl verschwenden? Lassen Sie mich Ihnen lieber am Kamin ein paar Sagen, Legenden und Anekdoten erzählen …

## ADEL VERPFLICHTET

Meine slawischen Urahnen, die es aus den Karpaten an die Saale verschlug, hatte ich ja schon kurz erwähnt. Aber wie gesagt: Chronologisch kann jeder. Keine Sorge, was das Schicksal für sie im Verlauf des Frühmittelalters bereithielt, werde ich Ihnen bald noch verraten. Aber jetzt machen wir erst einmal einen kleinen Sprung von 600 Jahren über das in bunten Wappenfarben erstrahlende und von Minnesängern gelobpreiste Hochmittelalter hinweg, mitten hinein ins reichlich krisengeschüttelte Spätmittelalter, zu einem altehrwürdigen Adelsgeschlecht, das einst 400 Jahre lang über Zöschen und Umgebung herrschte: die Herren von Brandenstein.

Die Familie von Brandenstein stammt aus dem thüringischen Uradel und hat ihren Stammsitz in der Stadt Ranis im heutigen Thüringen. Ihre Geschichte reicht urkundlich verbürgt bis ins 13. Jahrhundert zurück, als die Brüder Heinrich und Albrecht von Brandenstein 1289 zu Rittern geschlagen wurden. Obwohl „zum Ritter gegürtet" in diesem Fall wohl genauer wäre: Der uns aus Romanen und Filmen bekannte Ritterschlag mit dem Königsschwert auf beide Schultern wurde nämlich aller Vermutung nach erst von Kaiser Karl IV. im 14. Jahrhundert in das Heilige Römische Reich importiert. Woher? Natürlich aus Frankreich, das war damals schon Vorreiter in Stilfragen.

Heinrich und Albrecht von Brandenstein wurden stattdessen wohl eher im Rahmen der sogenannten Schwertleite zeremoniell Schwerter umgegürtet und Sporen angelegt. Doch auch die Schwertleite kam nicht ohne „Ritterschlag" aus – und zwar mit der Hand mitten ins Gesicht der Neuritter. An den Gründen dafür scheiden sich die Geister: Manche meinen, es sollte die frisch gebackenen Ritter an ihre nun übernommenen Pflichten erinnern. Andere erkennen darin einen altgermanischen Ritus, der eine Verbindung zwischen Herr und Knecht schaffen sollte.

Wie sich die Brüder Brandenstein die Ritterehre verdient hatten, liegt leider im Nebel der Zeit verborgen. Wir wissen nur, dass sich das neubegründete Adelsgeschlecht schließlich in drei Stämme verzweigte: Oppurg-Ranis, Neudeck und Wernburg-Zöschen, deren Zusammenhang bis heute nicht sicher geklärt ist. Der Stamm Wernburg-Zöschen beginnt mit Georg von Brandenstein auf Wernburg-Zöschen, welcher um das Jahr 1450 als Besitzer des hiesigen Ritterguts nachgewiesen ist. Erst 100 Jahre später tritt ein weiteres Familienmitglied aus dem Schatten der Geschichte: Wolf von Brandenstein, ein selbst im Angesicht der katholischen Kirche unbeugsamer Protestant. Während die Reformation die Länder um

Merseburg herum bereits fest im Griff hatte, stemmte sich der Merseburger Bischof noch immer mit aller Macht gegen Luthers Lehre. 1539 ermahnte er den Adel der Umgebung, an dessen Lehnseid zu denken und treu zu ihm und der katholischen Kirche zu stehen. Während sich ihm der Großteil der versammelten Herren unterwarf, erwiderte Wolf von Brandenstein neben wenigen anderen, dass er dem Bischof zwar in allem anderen gehorchen wollte, aber in Sachen Religion seinem Gewissen folgen müsste. So kam es, dass in Zöschen bereits 1539 der erste evangelische Gottesdienst abgehalten wurde, während Merseburg erst 1543 nachzog.

Erst nach dem Dreißigjährigen Krieg, als die Kirchenbücher vollständig die verstreuten Gemeinde- und Rittergutsakten ersetzten, liegt die Geschichte derer von Brandenstein im vollen Licht vor uns – welche sich zu diesem Zeitpunkt bereits in zwei Zöschener Linien aufgespalten hatten. Um 1600 war der Besitz zwischen den Brüdern Georg und Wolf (verwirrend, ich weiß, aber leider schworen diese Altadeligen auf ihre über Jahrhunderte weitergegebenen zwei, drei Stammhalternamen) in Oberhof und Unterhof aufgeteilt worden.

Georg vom Oberhof war seines Zeichens Hauptmann im Dreißigjährigen Krieg und musste sein Gut durch schwere Zeiten manövrieren. Zöschen und die umliegenden Ortschaften hatten sowohl unter der kaiserlich-katholischen als auch der protestantischen Armee zu leiden. So verlangte der kaiserliche General Holke 1632 ein Vermögen an Gold vom Stift Merseburg. Zahlten die Herren nicht, würde er die Stadt und alle umliegenden Dörfer brandschatzen lassen. Kein Wunder, dass die Stiftsherren jeden verbliebenen Taler zusammenkratzten. Die finanzielle Last wurde auf alle Gemeinden verteilt und Zöschen musste 900 Gulden entrichten, was einem heutigen Wert von ungefähr 300.000 Euro entspricht. Doch es nutzte alles nichts: Kaum war das Geld an Holke übergeben worden, zogen Wallensteins Truppen durch Merseburg, übergingen den geschlossenen Vertrag und verwüsteten Merseburg und das Umland.

Nach dem Tod seines Bruders Wolf vom Unterhof übernahm Georg vom Oberhof die Vormundschaft für seinen Neffen Wolf Georg vom Unterhof (… und nein, der Name ist kein Witz). Dieser hatte ein Händchen für Geschäfte und erweiterte in Friedenszeiten seinen Besitz um die Rittergüter Kötzschlitz und Zschöchergen. Sein Sohn Georg vom Unterhof (… ohne Kommentar …) hatte weniger Glück mit der Weltpolitik. 1700 brach der Große Nordische Krieg aus. Nun liegt Zöschen nicht unbedingt im Norden Europas, doch wenn der Adel einmal losgelassen …

Das Ganze geschah so: Schweden war im Dreißigjährigen Krieg zur Großmacht aufgestiegen und hatte Appetit auf mehr – oder besser gesagt Meer, nämlich den gesamten Ostseeraum. Das gefiel weder dem König von Dänemark noch dem russischen Zaren, die sich daraufhin in einer Allianz gegen Schweden zusammenschlossen. Dritter im Bunde war August der Starke, sächsischer Kurfürst und polnischer König – und damit auch Herrscher von Litauen, dessen Teil Livland von den Schweden besetzt war. Zöschen wiederum gehörte zu dieser Zeit zum Kurfürstentum Sachsen und obwohl kein Einwohner unseres Örtchens je die Ostsee mit eigenen Augen gesehen hatte, standen 1706 plötzlich die Schweden mitsamt König Karl XII. vor der Tür und quartierten sich bis 1707 in Zöschen und Altranstädt ein. Und Belagerer bezahlen bekanntlich kaum ihre Zeche, sodass Georg vom Unterhof bald bis zum Hals in Schulden steckte, seinen Besitz 1738 verkaufen und den Ort verlassen musste. Hatte der Unterhofer Zweig kein Glück mit Geld, so fehlte dem Oberhofer Zweig das Glück mit der Gesundheit – die Herren starben wie die Fliegen, sodass letztendlich nur noch die Witwe Anna Maria von Brandenstein und eine Enkelin übrig blieben und der Oberhof als Lehen der Brandensteins verloren ging. Bevor dies geschah, stand Anna als Vormund für ihre Söhne und Enkel allerdings ihren Mann und verfocht ihre Ansichten in Streitfragen sogar vor dem höchsten Gerichtshof in der Residenzstadt Dresden. Mit dem Tod ihres Enkels Karl Ernst endete jedoch diese Linie der Brandensteins und die Besitztümer fielen den nächsten

Verwandten zu, bevor sie im Jahr 1819 an einen Fremden namens Johann Friedrich Lorenz Dieck verkauft wurden. Diesen Namen sollten Sie sich übrigens gut merken, denn wir werden Johann Friedrich Lorenz und seinen Nachkommen in diesem Buch noch öfter begegnen.

Wenige Jahre vor der Familie Dieck zogen aber erst einmal ganz andere Herrschaften in Zöschen ein: die Schweden – wieder einmal. Doch statt mit Sachsen, Russland und Dänemark lagen sie jetzt mit Frankreich im Streit, genauer gesagt mit einem kleinen Korsen mit großem Ego und militärischer Raffinesse…

## HANDEL, HEERE UND HERRSCHAFTEN

Vor einigen Jahren wurde das leer stehende und zerfallene Gebäude des ehemaligen Zöschener Gasthofs *Roter Hirsch* abgerissen. Ästhetisch in seinem damaligen Zustand vielleicht kein großer Verlust, historisch allerdings schon. Schließlich rückte die Abrissbirne geschichtsträchtigen Mauern zu Leibe, die in 300 Jahren vieles gesehen und miterlebt hatten. Im Jahr 1813 logierte sogar der schwedische Kronprinz in ihnen.

Die Ersterwähnung des Gasthofs steht mit einem zugegebenermaßen ziemlich kuriosen Umstand im Zusammenhang: Im Jahr 1694 war im Stall des *Roten Hirschs* ein Pferd untergebracht, das sich als gestohlen herausstellte. Als kein rechtmäßiger Besitzer aufgetrieben werden konnte, wurde es vom geschäftsinnigen Wirt Adam Sperling an den Zöschener Rittergutsbesitzer von Brandenstein verkauft.

Über die Jahrhunderte hinweg diente der Gasthof als sogenannte Ausspanne. Nein, hier wurden Männern nicht die Mädchen abgejagt, sondern die Pferde gewechselt beziehungsweise über Nacht samt Wagen untergestellt, während sich die Reisenden im Gasthaus ausruhten. Daher stammt auch unser heutiges Wort „ausspannen" im Sinne von „sich erholen".

Derartige Gasthäuser fanden sich vor allem entlang bedeutender Handelsstraßen. Und der *Rote Hirsch* bildete dabei keine Ausnahme: Mitten in Zöschen kreuzten sich nämlich eine Nebenstraße (heute B181) der Via Regia – eine der wichtigsten Handelsstraßen Europas, die vom Rhein nach Schlesien führte – und eine viel genutzte Fuhrstraße von Raßnitz nach Zeitz (die heutige Dorfstraße). Vor allem vor und nach der Leipziger Messe wimmelte es hier nur so vor Kaufleuten, die von weither angereist kamen, um in Leipzig ihre Waren zu präsentieren, und unterwegs übernachten mussten.

Im Jahre 1710 fiel der Gasthof zusammen mit dem Großteil aller Häuser des Ortes dem großen Brand von Zöschen zum Opfer. Aber schon sechs Jahre später florierte er wieder, bis er 1750 erneut niederbrannte und noch einmal aufgebaut wurde. Das Geschäft brummte auch in neueren Zeiten: Der *Rote Hirsch* war Treffpunkt der örtlichen Vereine (1912 zählte Zöschen ganze 11 Stück), Paare drehten sich am Wochenende im Walzer- und Tangotakt im Saal und auch politische Gruppen und Interessenvereinigungen aller Art nutzten die Räumlichkeiten. Selbst ein bisschen Weltpolitik soll den *Roten Hirsch* gestreift haben, als sich im weiten Rahmen des Kapp-Putsches 1920 hier streikende Landarbeiter versammelten.

Und was hat all dies nun mit dem schwedischen Kronprinzen zu tun? Einiges. Denn auf der alten Handelsstraße von Merseburg nach Leipzig reisten nicht nur Kaufleute, sondern sie diente durchziehenden Armeen auch als Marschweg. So stand der damalige Wirt des *Roten Hirschs*, ein Nachfahre Adam Sperlings, eines Tages im Jahr 1813 vor seiner Tür und beobachtete die vorbeiziehenden Soldaten – Franzosen, Russen, Preußen, Österreicher? Wer weiß, denn in diesem bewegten Jahr wimmelte es in und um Leipzig nur so von Militärs. Doch woher sie auch kamen, sie wussten die Gunst der Stunde zu nutzen: Als sie den Wirt sahen, sprang einer der Kavalleristen blitzschnell vom Pferd, riss Sperling seine Taschenuhr samt Kette aus der Tasche, schwang sich wieder in den Sattel und ritt unter dem Gelächter seiner Kameraden davon, bevor der überraschte Wirt überhaupt reagieren konnte.

Der Verlust seiner Uhr sollte ihm jedoch bald mehr als aufgewogen werden. Während Zar Alexander nach der Völkerschlacht auf seinem Marsch westwärts im Gasthof *Schwarzer Bär* im nahe gelegenen Günthersdorf einkehrte, verschlug es einen anderen Befehlshaber der alliierten Streitkräfte nach Zöschen: Gestatten, seine Königliche Hoheit Kronprinz Karl Johann von Schweden, einst besser bekannt unter dem Namen Jean Baptiste Bernadotte, Kommandant der Grande Armée und Fürst von Ponto Corvo.

Zugegeben, der gute Bernadotte steht auf der Bekanntheits- und Berühmtheitsskala nicht unbedingt auf einer Stufe mit Napoleon und Blücher, aber wann beehrt schon einmal ein waschechter Prinz unser beschauliches Örtchen? Dass der dann eigentlich gar kein gebürtiges Blaublut war, können wir großzügig übersehen – wir wollen schließlich nicht päpstlicher sein als der Papst.

Und falls Sie sich jetzt fragen sollten: „Wer kam da nun genau? Ein Karl oder ein Jean? Ein Schwede oder ein Franzose?", sei an dieser Stelle ein wenig Licht ins Dunkel gebracht.

Geboren wurde der hohe Gast im Jahre 1763 als Jean Baptiste Bernadotte, drittes Kind eines französischen Advokaten. Der junge Bernadotte versuchte sich erst selbst in der Juristerei, brach sein Studium allerdings nach dem Tod seines Vaters ab und ging zum Militär. Während er unter König Ludwig XVI. keine Chance auf eine Beförderung hatte, öffneten sich dem talentierten Strategen nach der Französischen Revolution alle Türen. 1798 heiratete er Désirée Clary, die pikanterweise von 1795 bis 1796 mit Napoleon verlobt gewesen und deren Schwester die Ehefrau von Napoleons Bruder Joseph war. Bernadotte war also nicht nur ein General und Freund des späteren Kaisers der Franzosen, sondern gleichzeitig eine Art Schwager sowie Angetrauter von dessen Ex – eine reichlich explosive Mischung.

Während der Koalitionskriege kletterte Bernadotte die Karriereleiter immer weiter hinauf. Er wurde Kaiserlicher Marschall, dann Gouverneur des besetzten Kurfürstentums Braunschweig-

Lüneburg und schließlich schuf ihm Napoleon nach der Eroberung Italiens das Fürstentum Ponto Corvo.

Etwa zur gleichen Zeit im fernen Schweden: Für den tief religiösen König Gustav IV. Adolf war Napoleon kein geringerer als der Antichrist höchst persönlich. In einem Bündnis mit Russland versuchte er, den korsischen Emporkömmling zu besiegen, verlor stattdessen aber große Gebietsteile (darunter ganz Finnland) sowie das Vertrauen seines Volkes. 1809 wurde er im Zuge eines Staatsstreichs gefangen gesetzt und zur Abdankung gezwungen. Nachfolger wurde sein Onkel Karl XIII., dem es allerdings an einem wichtigen Attribut mangelte: einem Thronerben. Was also tun? Liberal wie die Schweden nun einmal sind, pfiffen sie auf weitverzweigte Blutsbande und hochadelige Verwandtschaftsverstrickungen und suchten einfach europaweit nach einem geeigneten Kandidaten. Ihre erste Wahl fiel auf Prinz Christian von Schleswig-Holstein-Sonderburg-Augustenburg, der leider kein großes Durchhaltevermögen bewies und kaum ein Jahr später zu Grabe getragen wurde. Also wieder alles auf Anfang. Neues Spiel, neues Glück. Und dieses Mal zauberten die Skandinavier den Namen des französischen Militärs Bernadotte aus dem Hut.

Die schwedische Regierung war überzeugt, dass Frankreich bald einen Angriff gegen Russland starten würde und man mit einer geschickten Adoptionspolitik Napoleon die verloren gegangenen Gebiete wieder abschwatzen könnte. Doch als der schwedische Gesandte dem Auserwählten sein Ansinnen vortrug, reagierte Bernadotte zurückhaltend: Napoleon müsse entscheiden. Der Kaiser der Franzosen zeigte sich allerdings großzügig und gönnte seinem Freund und General die Krone – natürlich nicht ohne Hintergedanken. Schließlich wäre ein frankophiles Schweden ein nicht zu verachtender Bündnispartner.

Wie hätte der Kaiser auch ahnen sollen, dass Bernadotte mit der Änderung seines Namens all sein Herz und Sinnen seiner neuen skandinavischen Heimat verschreiben würde? Und dieser wäre ein

Bündnis mit Frankreich – vor allem nach dem katastrophalen Russlandfeldzug 1812 – alles andere als gut bekommen. Dann schon eher ein Pakt mit Zar Alexander und die Alliierten. Dass er daraufhin von beiden Lagern beschimpft wurde, trug Jean/Karl mit Fassung. Napoleon tobte und nannte Bernadotte einen Verräter. Blücher und andere alliierte Militärs hielten Karl Johann vor, noch immer ein Herz für Frankreich zu haben. Warum sonst kam er immer zu spät zur Schlacht und tat nur das Nötigste?

Nun, der Schnellste hin zum Kampf war der frisch gebackene Oberbefehlshaber der Nordarmee wirklich nicht, doch das hatte nichts mit Faulheit oder einem Hang zur Marseillaise zu tun. Fakt ist, dass Schweden alles andere als das bevölkerungsreichste Land Europas war. Der Kronprinz musste seine 100.000 Soldaten gut beisammen halten, denn mehr gab es nicht. Also schonte er sie, wo er nur konnte, was dem alten Blücher mehr als einmal die Hutschnur platzen ließ. Aber wie heißt es so schön? Ein kluges Pferd springt nur so hoch, wie es muss – oder sich leisten kann. Und wenn man damit das Derby gewinnt, kann man sich ruhig ein paar Tage am Kamin eines kleinen Gasthofs im beschaulichen Zöschen wärmen, bevor man an die Seine weiterreist. Die Zöschener Damen wird's gefreut haben – bei diesem Anblick!

CARL JOHAN

NORGES OG SVERRIGS KONGE.

Abbildung 2 - Karl XIV Johann von Schweden

# DIE FRANZOSENBRAUT

Auch wenn das jetzt eine Überleitung par excellence ergeben hätte ... die Geschichte der Franzosenbraut hat nichts mit Napoleon und der Völkerschlacht zu tun. Sie ereignete sich 20 Jahre nachdem die Alliierten die Grande Armée bei Leipzig in die Flucht geschlagen und Kronprinz Karl Johann den Damen des Ortes die Köpfe verdreht hatte.

Erinnern Sie sich noch? Sechs Jahre nach der Entscheidungsschlacht der Befreiungskriege und vier Jahre nach Napoleons endgültigem Scheitern in Waterloo und seiner anschließenden Verbannung auf die beruhigend weit abgelegene Insel Sankt Helena erwarb ein gewisser Johann Friedrich Lorenz Dieck 1819 die ehemals Brandensteinschen Rittergüter Ober- und Unterhof. Seine einzige Tochter Louise war damals gerade einmal sechs Jahre alt, ein Kind des Völkerschlachtjahres, genauso wie Richard Wagner.

Ich weiß nicht, wie sie ausgesehen hat, aber seit ich ihre Geschichte – die wohl berühmteste Legende meines Dorfes – als Kind zum ersten Mal hörte, habe ich mir immer ein Mädchen mit blonden Locken und Puppengesicht, großen Augen und herzförmigen Lippen vorgestellt. Papas kleine Prinzessin in Rüschenkleid und Krinoline. Doch auch Prinzessinnen werden einmal erwachsen und widersetzen sich schließlich ihren Vätern ...

Noch schrieb man das Jahr 1833, doch waren es nur noch zwei Tage, bis das alte Jahr Vergangenheit sein und das neue beginnen würde. Leise und darauf bedacht, von niemandem entdeckt zu werden, zog sich Louise Friederike Dieck ihren Wintermantel über und eilte aus dem Haus. Der Schnee knirschte unter ihren Schritten und auf den Pfützen glitzerte das Eis frostig weiß im kühlen Licht der Sterne, als sie Richtung Oberhof eilte. Und als ihr die Kälte in die Wangen biss, kam ihr eine Strophe eines Gedichtes von Eichendorffs in den Sinn, das sie erst vor wenigen Tagen am Weihnachtsmorgen in der elterlichen Bibliothek gelesen hatte:

Und es endet Tag und Schmerzen,
Durch die Gassen pfeift der Wind,
Keiner weiß, wie unsre Herzen
Wild von Schmerz zerrissen sind.[1]

Unwillkürlich beschleunigte sie ihre Schritte. Am Oberhof angekommen, sah sie sich suchend um. Wo war er nur? Da trat er aus dem Schatten des Gartenpavillons hervor. Sie ging zu ihm. Er legte eine kalte Hand an ihre Wange. Sie schauderte und trat dennoch näher. Wie ruhig alles war. In einigen Fenstern brannte noch Licht, doch niemand sah hinaus.

Ein Schrei zerriss die Stille, gefolgt von einem Schuss, und schreckte die Zöschener in ihren Stuben auf. Manche liefen nach draußen, doch noch bevor sie die Haustür erreichten, erklang ein zweiter Schuss. Nun gab es keine Zweifel mehr, etwas Schreckliches war geschehen. Als sie den Oberhof erreichten, sahen sie, wie ein Mann davonlief. Sie folgten ihm. Er sprang in die Luppe, kam jedoch nicht weit, bevor sie ihn einholten und aus dem Wasser zogen. Nun erkannten sie ihn: Es war der *Franzose*, der Gutsverwalter. Als sie ihn zum Oberhof zurückschleiften, fanden sie die Tochter des Gutsbesitzers, bleich und leblos im Schnee liegend, die Pistole kaum vier Schritte von ihr entfernt.

Hat es sich so zugetragen? Hatten die Liebenden die Tat geplant? Warum der Tod als einziger Ausweg und keine Flucht, kein Versuch, den Standesdünkeln zu entkommen? Warum kein Davonlaufen in die Heimat des *Franzosen*?

Leider existieren keine Tagebuchaufzeichnungen oder Briefe von Louise oder ihrem Geliebten, die uns die Wahrheit verraten könnten. Alles, was wir haben, ist eine Geschichte, die von Generation zu Generation weitergetragen wurde:

---

[1] Eichendorff, Joseph von (1987): Heimkehr. In: Gedichte. Versepen. Frankfurt a. M./Leipzig: Deutscher Klassiker Verlag, S. 85.

Am 30.12.1833 erschoss der Verwalter des Dieck'schen Guts, Louis Staufer, der im Ort *Franzose* genannt wurde, obwohl er eigentlich aus Neufchâtel in der französischsprachigen Schweiz stammte, die 20-jährige Louise Friederike Dieck, einzige Tochter des Gutsbesitzers Friedrich Lorenz Dieck. Sie hatten sich ineinander verliebt, doch Louises Eltern waren gegen die unstandesgemäße Verbindung mit dem katholischen Ausländer aus der Gesindestube. Sie versuchten, die Beziehung der beiden im Keim zu ersticken, indem sie Louis kurz vor Weihnachten zum Ende des Jahres die Stellung kündigten. Er sollte verschwinden – aus dem Ort und somit auch aus Louises Augen und Sinn.

Am Abend des 30. Dezember trafen sich Louis und sein „Lischen" im Gartenpavillon des Oberhofs. Hatten sie bereits geplant, lieber gemeinsam zu sterben als ohne einander zu leben oder wurde die Idee aus dem Abschiedsschmerz heraus geboren? Oder hat sich alles ganz anders zugetragen und Louis lockte die Gutstochter in den Pavillon, um sie dort zu ermorden? Wir wissen nur, dass Louis Louise zuerst mit dem Messer verletzte. Vor Schmerz aufschreiend lief sie aus dem Pavillon hinaus in den Garten. An der Gartenmauer erschoss er Louise schließlich mit der Pistole. Anschließend richtete er die Waffe gegen sich selbst, doch der Schuss streifte nur sein Gesicht.

Louises Schrei und die zwei Schüsse hatten die Einwohner Zöschens alarmiert, sodass Louis keine Zeit mehr blieb, die Pistole noch einmal nachzuladen. Vielleicht fehlte ihm auch eine dritte Kugel – der Colt-Revolver mit mehreren Patronen in der Trommel wurde erst knapp ein Jahr später patentiert.

Er sprang über die Gartenmauer und lief Richtung Luppe, doch seine Verfolger waren zu schnell, zogen ihn aus dem Wasser und übergaben ihn der Obrigkeit.

Im Gefängnis schrieb er schließlich das Gedicht *Geduldig trag' ich alle Leiden*, das später vertont und zum Volkslied wurde, heute allerdings fast unbekannt ist:

Geduldig trag' ich alle Leiden,
und du entziehst mir alle Freuden.
Für mich ist alles wüst und leer.
Für mich gibt's keine Rettung mehr.

Mir strahlt nicht mehr der blaue Himmel,
nicht mehr der Erdenwelt Getümmel.
Mir strahlt nicht mehr der Liebe Lust.
Gebannt sind sie aus meiner Brust.

Dich, Lischen, kann ich nicht mehr sehen,
nicht mehr an deiner Seite gehen,
nicht mehr in deinem Schatten sein.
Für dich trag' ich die Liebespein.

Im Gartenhaus, da sank sie nieder.
Das Blei zerschmettert ihre Glieder.
Kein Wort kam mehr aus ihrem Mund.
Ein Jüngling brach den Liebesbund.

Geduldig trag' ich alle Leiden,
denn du entziehst mir alle Freuden.
Für mich ist alles Gram und Not,
bis dass uns scheid't der sanfte Tod.

Was ist nach dieser tragischen Dezembernacht aus Louis Staufer geworden? Man sagt, er wäre zu einer mehrjährigen Gefängnisstrafe verurteilt, aber nach nicht allzu langer Zeit wieder entlassen worden, da er seine Tat aufrichtig bereute. Danach verschwand sein Name im Nebel der Zeit …

Abbildung 3 - Grab von Louise Dieck auf dem Zöschener Friedhof

## NEUE ZEITEN BRECHEN AN

Die große Neuordnung Europas im fernen Wien hatte auch Auswirkungen auf das Auegebiet und seine Dörfer. Der König von Sachsen hatte es nicht mehr geschafft, Napoleon rechtzeitig den Rücken zu kehren und sich bei den Alliierten lieb Kind zu machen, sodass Sachsen nach der Völkerschlacht unter preußisch-russische Verwaltung kam, während König Friedrich August I. im Schloss Friedrichsfelde bei Berlin inhaftiert wurde.

Im Rahmen des Wiener Kongresses 1815 verhinderte der österreichische Kanzler Metternich zwar, dass Preußen das gesamte sächsische Königreich annektierte, doch Friedrich August musste über 50 % seines Staatsgebietes abtreten – darunter auch Merseburg und das Umland. Zöschen wurde also preußisch und sollte es bis zu Preußens Zusammenbruch über 100 Jahre später auch bleiben.

Im langen 19. Jahrhundert erlebten Zöschen und seine Einwohner drei Einigungskriege, die Industrialisierung, den Pomp der Gründerzeit und den Einzug der Moderne mit Luftschiffen und elektrischem Licht.

Selbst Kaiser Wilhelm I. konnten die Zöschener 1876 hautnah bewundern, wenn auch nur auf dem Durchzug zu einem Manöver. Als Resultat eines weiteren Kaisermanövers 1903 wurde im Ort eine Telegrafenlinie nach Leipzig eingerichtet und schon 1908 wurden die ersten Telefonanschlüsse – ganze zwei an der Zahl – gelegt. Die Zukunft sah also rosig aus.

In der Mitternachtsstunde vom 31. Dezember 1899 auf den 1. Januar 1900 haben unsere drei Glocken auf dem Kirchturm feierlich und ernst ihren Abschiedsgruß dem verflossenen Jahrhundert zugerufen und haben ebenso feierlich und ernst zum ersten Male im neuen 20. Jahrhundert ihre Stimmen erklingen lassen. Gott der Herr lasse uns und unseren Kindern und Nachkommen die neue Zeit reich an Gnade und Segen sein und walte in Zukunft mit seiner Güte und Treue über unserem Ort! Mit gläubiger Zuversicht auf ihn wollen wir unsere Schritte ins neue Jahrhundert hineinlenken [...].[2]

Eine völlig neue Zeit schien anzubrechen, nicht nur in den Metropolen Berlin, Paris und London, sondern auch auf dem Land. Der Westen drehte sich im Rausch der nicht enden wollenden Entdeckungen und Erfindungen. Höher, schneller, weiter – Tempo war die Modedroge, vor allem im deutschen Kaiserreich, dessen Technologien weltmarktführend waren und dessen Wissenschaftler reihenweise Nobelpreise abräumten.

Selbst im beschaulichen Zöschen mit seinen 672 Einwohnern wurden fleißig Telegramme verschickt, klingelten die zwei Telefone und flog am Morgen des 23. Oktober 1910 das erste Luftschiff über den Ort. Noch 20 Jahre zuvor hatte es kaum jemand für möglich gehalten, dass es dem Menschen je gelingen würde, wie ein Vogel zu fliegen. Doch mit der Errichtung einer Zeppelinhalle 1913 in Leipzig wurde das Unvorstellbare schnell zu etwas Alltäglichem. Ende desselben Jahres wurden die Straße entlang hohe Holzmasten errichtet, Leitungen verlegt und am 1. Advent 1913 brannten in den Häusern die ersten elektrischen Lampen.

Wer konnte ahnen, dass gerade einmal ein halbes Jahr später eine vier Jahre dauernde Dunkelheit über die gesamte Welt hereinbrechen und dieses neue Jahrhundert, dass so vielversprechend begonnen hatte, in den Abgrund reißen würde?

## KRIEG UND FRIEDEN

Dienstag, 25. Juli abends 6 Uhr lief die Frist ab, die von Österreichern und Serben gesetzt war: wie [sic] wird das enden, fragten wir uns alle, wird daraus ein Balkankrieg werden? [...]

---

[2] Heinicke, Friedrich (o. J.): Chronik der Parrochia Zöschen früher und jetzt. Nicht veröffentlicht. S. 4.

Niemand glaubte hier im Ernst daran, daß unser Deutsches Reich in den Krieg verwickelt werden könne. Einen Rest von Vernunft wird doch die Menschheit haben und jetzt, wo es solch gräßliche Mordmaschinen gibt, sich gegenseitig nicht töten wollen. Unsere Diplomaten werden die Sache sicher friedlich beilegen.[3]

Weit gefehlt. Die so hoch angesehenen Diplomaten konnten – und wollten teilweise – den entfachten Funken nicht ersticken, bis die Welt schließlich Feuer fing.

Dann aber am Sonntag, 1. August abends ½ 7 Uhr kam es. An der Post wurde angeschlagen: „Mobilmachung befohlen. Erster Mobilmachungstag 2. August."

[...]

Und während nun um 7 Uhr abends die Glocken vorläuteten für morgen Sonntag, durchschritt der Gemeindediener den ganzen Ort, klingelte und rief: „Mobilmachung befohlen, 1. Mobilmachungstag 2. August." Alle kamen aus den Häusern, standen vor den Türen, traten zusammen auf die Straße, besprachen die schreckliche Nachricht, riefen sie den Einfahrenden auf den Erntewagen zu und es gab besorgte Mienen und viele Tränen. Mein Mann muß übermorgen fort, hörte man [...].[4]

Einhundert Jahre später, mit unserem Wissen über all das, was noch geschehen sollte, können wir uns kaum vorstellen, dass die Mobilmachung 1914 trotz des anfänglichen Schocks eine Art Volksfeststimmung unter den Österreichern, Franzosen, Briten, Russen, Italienern und Deutschen hervorrief, die letztendlich auch vor Zöschen nicht Halt machte:

---

[3] Heinicke, Friedrich (o. J.): Chronik der Parrochia Zöschen früher und jetzt. Nicht veröffentlicht, S. 186, 187.

[4] Heinicke, Friedrich (o. J.): Chronik der Parrochia Zöschen früher und jetzt. Nicht veröffentlicht, S. 187.

Der Sonnabendabend gehörte den jungen Kriegern. Sie hatten in ihren Militärpässen die Angabe, an welchem Mobilmachungstage und wo sie sich zu stellen hätten, und taten sich auf der Straße und in den Gasthöfen zusammen, sangen frische Lieder und gerieten immer mehr in frohe, kriegslustige Stimmung. [...]
Spät am Abend und bis tief in die Nacht hörte ich Gesang erklingen und immer wieder zogen sie truppenweise des Nachts durchs Dorf laut rufend und singend [...].[5]

Nur die Frauen in Zöschen, Preußen, Deutschland und Europa erahnten wie schon in all den hundert und aberhundert vorangegangenen Kriegen seit Anbeginn der Zeit die sich auftürmenden Schatten am Horizont.

Die Frauen liefen mit Tränen im Auge herum und ganz außer sich [war] z. B. die [Frau] [...] des Fleischers Paul Kietz, die dem davonfahrenden Breschwagen laut schreiend [nachlief] und sich an die Giebelwand des Wagens [anklammerte] beim Fahren.[6]

In der Vorstellung vieler Politiker, Künstler und Philosophen sollte der Krieg ein „reinigendes Gewitter" werden – und entpuppte sich zum ungläubigen Schrecken vieler Zeitgenossen als Schlachthaus dantesken Ausmaßes. Schon drei Monate später, im Oktober 1914, traf die erste Gefallenenmeldung in Zöschen ein: Karl Hoffman hatte im selben Jahr erst geheiratet und machte seine junge Frau nun zur ersten Kriegswitwe des noch vier weitere Jahre andauernden Weltenbrands. Sie würde noch lange nicht die letzte sein.

Mit dem Beginn des Jahres 1915 war in der Bevölkerung auch der letzte Funke der anfänglichen Kriegseuphorie abgeflaut. Von wegen, spätestens zu Weihnachten haben wir gesiegt. In Frank-

---

[5] Heinicke, Friedrich (o. J.): Chronik der Parrochia Zöschen früher und jetzt. Nicht veröffentlicht, S. 188.

[6] Heinicke, Friedrich (o. J.): Chronik der Parrochia Zöschen früher und jetzt. Nicht veröffentlicht, S. 188.

reich hatten sich beide Seiten in Schützengräben eingegraben, zwischen sich ein zerbombtes Niemandsland. Zöschen, wie das gesamte Kaiserreich, traf die erste Rationierungswelle (im Januar wurde die Brotmarke eingeführt), die schließlich im entbehrungsreichen Kohlrübenwinter 1916/17 gipfelte. Fett wurde schon Ende 1915 zum Luxusgut. Butter wurde durch Öl ersetzt, aber 1917 kostete auch eine Flasche Salatöl 21 Mark – umgerechnet etwa 100 Euro!

Neben Brot, Mehlprodukten und Fett wurden auch bald Milch, Eier, Fleisch, Zucker und sogar Seife rationiert. Im Januar 1917 kam es in Zöschen und Umgebung zusätzlich zu einer Kohlenknappheit. Obwohl in den Gruben in Niederbeuna und Burgliebenau noch genügend Kohle vorhanden war, fehlte es an Arbeitskräften, Pferden und Eisenbahnwagen, sie zu holen. Ende 1916 und Anfang 1917 wurden schließlich auch die letzten wehrfähigen Männer des Ortes eingezogen.

> Die jungen 19jährigen [sic] sind nun auch einberufen: Artur Ohme, der kleine Genthe, Gorecki, der schüchterne junge Berbino, der schmächtige Willi Taube.[7]

> In den Leipziger Neuesten Nachrichten sah man mit Schrecken nach den Kämpfen vor der Lorettohöhe, oder um Verdun, oder an der Somme, wenn die Leipziger Regimenter 106 oder 107 dabei beteiligt gewesen waren, daß mitunter eine Woche hindurch 3 oder 4 Seiten der Zeitung mit Todesanzeigen gefüllt waren. – Gewiss sind die amtlichen Meldungen des Hauptquartiers zuverlässig und verdienen allen Glauben, aber gar zu auffällig bleibt es, daß nie eine Ziffer über unsere Verluste angegeben wird.

> [...]

> Auch ist es jetzt verwehrt, daß Feldpostbriefe, die anfangs in den Zeitungen häufiger zu finden waren [...], in den Tageblättern veröffentlicht werden.

---

[7] Heinicke, Friedrich (o. J.): Chronik der Parrochia Zöschen früher und jetzt. Nicht veröffentlicht, S. 243.

[...]

Für die Angehörigen ist es am wichtigsten, wenn kurz geschrieben wird: „Ich bin wohl und hoffe gleiches von Euch." ein [sic] Satz, den man ungezählte Male antrifft. Der sonstige Inhalt der Feldpostbriefe? Bei allen gleichmäßig dies eine: Auf Wiedersehen! Wenn nur bald Frieden käme! Wir sind es überdrüssig.[8]

Doch wie heißt es so schön? Die Hoffnung stirbt zuletzt, selbst in den trostlosesten Zeiten. Und so wurde selbst drei Jahre nach Kriegsbeginn jeder Sieg gefeiert, als wäre er der entscheidende.

[...] kam morgens die Nachricht, daß Bukarest genommen ist. Schulausfall, Glockengeläut, Fahne heraus![9]

Und die Bevölkerung klammerte sich trotz aller Verluste und Engpässe selbst an die immer brutaler werdenden Entscheidungen der Obersten Heeresleitung wie an einen rettenden Strohhalm. Nach all den Opfern und Entbehrungen konnte es keine Niederlage geben, durfte dies alles nicht umsonst gewesen sein.

Dieser Tag wird mit starken Hoffnungen begrüßt; es soll nun rücksichtslos der Tauchbootkrieg geführt werden gegen alle und jede Schiffe, die in dem Sperrgebiet rings um die feindlichen Länder angetroffen werden. Wir klammern uns an den Gedanken, daß die jungen 200 U-Bootsführer [sic] nun die Entscheidung bringen!

[...]

Seit 16. [April 1917] ist im Westen der Angriff der Franzosen und Engländer von Arras bis Reims im Gange, die Zeitungen melden, daß unsere Truppen fast überall den Angriff abwehren und stand halten [sic] können; Gott gebe, daß diese Kämpfe die letzten schweren Entscheidungs-

---

[8] Heinicke, Friedrich (o. J.): Chronik der Parrochia Zöschen früher und jetzt. Nicht veröffentlicht, S. 228, 229.

[9] Heinicke, Friedrich (o. J.): Chronik der Parrochia Zöschen früher und jetzt. Nicht veröffentlicht, S. 244.

schlachten sind und zu unseren Gunsten weiter ausgefochten werden. Mit Spannung warten wir von Tag zu Tag auf die Heeresberichte, und da von unseren hiesigen Kriegern eine große Anzahl jetzt in der vordersten Linie im Westen steht, so haben wir ihrer aller [...] betend vor Gott gedacht [...].[10]

Doch im Kaiserreich – vor allem in den Städten – wurde die Versorgungslage immer schlechter.

[Am] 3. April wurde [...] in einer besonders einberufenen Versammlung die ernste Mitteilung gemacht, daß die Landesvorräte an Brotgetreide nur bis Ende April und die Kartoffeln nur bis Mitte Mai reichen werden. [...] Das Heer ist versorgt, auch die Landbevölkerung wird durchkommen, aber schlimm sieht es in den Städten aus. In den Städten des Westens und in Magdeburg haben bereits Unruhen stattgefunden mit allerlei Ausschreitungen.[11]

Der Waffenstillstand mit Russland im März 1918 ließ noch einmal kurzzeitig die Hoffnung aufkommen, dass Deutschland siegreich aus diesem Krieg hervorgehen könnte, doch die andauernden Offensiven der Engländer, Franzosen und neuerdings auch Amerikaner an der Westfront ließen die Stimmung in der Bevölkerung bald wieder kippen.

Wie oft ist der Ausspruch zu hören: „Wenn nur der elende Krieg bald zu Ende wäre!" „Wenn wenigstens das Morden aufhörte!" „Die Soldaten müßten nicht mehr gehorchen!"[12]

Und genau das taten einige auch nicht mehr. Am 3. November 1918 weigerten sich Matrosen der Kriegsmarine, jetzt noch auszulaufen und sich sinnlos in einem ohnehin schon verlorenen Krieg

---

[10] Heinicke, Friedrich (o. J.): Chronik der Parrochia Zöschen früher und jetzt. Nicht veröffentlicht, S. 250, 254.

[11] Heinicke, Friedrich (o. J.): Chronik der Parrochia Zöschen früher und jetzt. Nicht veröffentlicht, S. 254.

[12] Heinicke, Friedrich (o. J.): Chronik der Parrochia Zöschen früher und jetzt. Nicht veröffentlicht, S. 270.

zu opfern. Der Kieler Matrosenaufstand bildete den Beginn der Novemberrevolution, die sechs Tage später zum Sturz der Monarchie und zur Ausrufung der Republik führte. Auch in Merseburg wurden Soldaten- und Arbeiterräte gebildet, die die Macht übernahmen.

Und dann war der Krieg vorbei – nach vier Jahren fast unvorstellbar. In den Zeitungen wurden die Waffenstillstandsbedingungen abgedruckt, die in Zöschen wie im gesamten Land Empörung und Fassungslosigkeit hervorriefen.

> Welche abscheulichen, schmachvollen, gemeinen Bedingungen! Weiter hungern! Schiffe und Fahrzeuge abgeben! Die Feinde noch ernähren müssen! Es ist gar nicht auszudenken, was das werden soll. [...] Pfui Teufel! Was sind das für Menschen, die darauf eingehen![13]

Von den 105 eingezogenen Zöschenern fielen insgesamt 33 Mann, sieben weitere wurden als vermisst gemeldet und später für tot erklärt. Der Krieg hatte nicht nur die Monarchie, sondern die ganze alte Weltordnung hinweggefegt und niemand konnte sagen, was die Zukunft bringen würde.

## EINE NEUE (UN)ORDNUNG

Die politischen Umwälzungen im Land machten auch vor den Dörfern nicht Halt: Wie in den Großstädten wurden auch auf dem Land politische Gruppierungen gegründet. In Zöschen standen sich Sozialdemokraten, bürgerliche Demokraten und Deutsch-Nationale gegenüber, schwangen Reden in ihren Stammlokalen und wollten eine neue Weltordnung erschaffen. Arbeiter- und Bauernräte wurden gewählt. 1920 streikten die Landarbeiter und versammelten sich zu einer Kundgebung im Dorf. Das Chaos, das in Berlin, München und Hamburg herrschte, schwappte auch in die Dörfer über.

---

[13] Heinicke, Friedrich (o. J.): Chronik der Parrochia Zöschen früher und jetzt. Nicht veröffentlicht, S. 280–281.

16. März, Dienstag etwa 3 Uhr nachm. erschien ein Trupp von etwa 30 jungen Leuten, zum Teil bewaffnet, einzelne mit roten Binden am Arm. [...] Ihr Automobil, in dem sie gekommen waren, ließen sie in Zweimen und begannen nun in Zöschen, die Gewehre der Ortswehr abzuholen. [...] Inzwischen hatten sich hier und da einzelne Gruppen im Dorf gebildet, die mit den Eindringlingen verhandelten. [...] Inzwischen war um Schutz und Hilfe telefoniert worden und der junge Arno Bley war mit dem Rad nach Wallendorf gefahren und hatte die dortige Ortswehr aufgerufen. An der Bergschenke standen die Wegwitzer und Wallendorfer bereit zur Gegenwehr.

Aber dazu kam es nicht. Einer der hiesigen Unabhängigen Sozialisten [...] kam in rasender Fahrt von Merseburg und meldete dem Trupp, daß Militär mit Auto anrücke. Da sind eiligst alle [...] [weg]gerannt. [...] Vom Wanderwege haben Nachzügler auf das Militär [...] geschossen [...].[14]

In verschiedenen Städten Deutschlands herrschten fast bürgerkriegsähnliche Zustände. Vor Halle kam es zu Kämpfen zwischen der sogenannten Roten Garde, der auch zwei Zöschener angehörten, und der Bürgerwehr, deren „fortwährend[er] Geschützdonner und Maschinengewehrfeuer"[15] selbst in Zöschen zu hören waren.

Unser Dorf wurde von einem Kommando Rotgardisten besetzt, die ihre 3 Maschinengewehre mitbrachten und Quartier nahmen im Roten Hirsch. Eins der Maschinengewehre wurde an der Luppenbrücke in Stellung gebracht, die beiden anderen an der Landstraße nach Merseburg und Leipzig. Man befürchtete, daß Kavallerie von Leipzig her den Kämpfern vor Halle in den Rücken falle.[16]

---

[14] Heinicke, Friedrich (o. J.): Chronik der Parrochia Zöschen früher und jetzt. Nicht veröffentlicht, S. 290.

[15] Heinicke, Friedrich (o. J.): Chronik der Parrochia Zöschen früher und jetzt. Nicht veröffentlicht, S. 291–292.

[16] Heinicke, Friedrich (o. J.): Chronik der Parrochia Zöschen früher und jetzt. Nicht veröffentlicht, S. 293.

Die Mark hatte bereits zu Kriegsende 1918 zur Hälfte an Wert verloren und entwertete sich von Monat zu Monat weiter. Laut Versailler Vertrag hatte Deutschland Reparationszahlungen an die Siegermächte zu leisten, die die Inflation im Land noch weiter verstärkten. 1923 konnte Deutschland den Zahlungen nicht mehr nachkommen. Französische und belgische Truppen besetzten daraufhin das Ruhrgebiet. Die deutsche Regierung rief zum passiven Widerstand gegen die Besatzer auf und versprach den Streikenden finanzielle Unterstützung. Die von der Regierung betriebene Geldvermehrung stürzte das Land schließlich in eine Hyperinflation. Im November 1923 war ein US-Dollar 4,2 Billionen Mark wert. Handwerker wie mein Urgroßvater wurden mit Rucksäcken voller Geldscheine bezahlt, die sie schnellstmöglich zum Bäcker trugen, um dafür wenigstens noch ein Brot zu bekommen.

Ende 1923 regierte die Regierung auf die nicht mehr zu stoppende Hyperinflation mit der Einführung der sogenannten Rentenmark, deren Wechselkurs zur alten Mark mit 1:1 Billion festgesetzt wurde. Überraschenderweise stoppte die Inflation beinahe schlagartig und man sprach in der Bevölkerung schon bald vom „Wunder der Rentenmark". Auch die innen- und außenpolitischen Zustände in der Weimarer Republik, die 1918/19 gegründet worden war, stabilisierten sich mit Beginn des Jahres 1924. Produktion, Konsum und Volkseinkommen nahmen zu – die Goldenen Zwanziger hielten Einzug.

Die Schatten des Großen Kriegs schienen sich endlich verzogen zu haben und das Land erstrahlte im Flitter und Tand der neuen Zeit … Bis 1929 die westliche Welt erneut in eine Wirtschaftskrise stürzte, aus deren Strudel sich in Italien, Spanien und vor allem Deutschland faschistische und nationalsozialistische Parteien an die Spitze katapultierten und die Welt zum zweiten Mal innerhalb von gerade einmal zwanzig Jahren in den Abgrund rissen.

# STUNDE NULL

Dank der Aufzeichnungen des gebürtigen Zöscheners Wilhelm Hofmann ist es möglich, hautnah in die Zeit während und nach dem Zweiten Weltkrieg in Zöschen einzutauchen.

Am meisten prägten das Leben der Zöschener in diesen Jahren wohl die Luftangriffe der englischen Bomber:

> Im Radio wurde die Bevölkerung schon vorgewarnt. Da wurde die laufende Sendung unterbrochen und – ähnlich den heutigen aktuellen Verkehrsmeldungen – eine Luftlagemeldung durchgesagt. Wenn es dann hieß: Feindlicher Bomberverband im Raum Hannover-Braunschweig, dann konnte man damit rechnen, dass in der nächsten Viertelstunde Fliegeralarm gegeben wurde.[17]

Die Angriffe galten zwar eher Leipzig sowie dem Ammoniakwerk Merseburg und den Industriestandorten Leuna und (sekundär) Buna, doch waren die De-Havilland-Mosquito-Bomber bei weitem keine Präzisionswaffen. Außerdem war auf dem Feld bei der späteren Kiesgrube eine kleine Scheinanlage errichtet worden: Holzattrappen, die Werksgebäude vortäuschten und von Leuna ablenken sollten. Derartige Scheinanlagen entstanden auch in anderen Orten im Umkreis, so zum Beispiel in Lunstädt bei Braunsbedra im Geiseltal, deren Ausmaße eine Fläche von mehr als zwei Fußballfeldern einnahm, und in der Nähe von Beuna, westlich der B91 aus heutiger Sicht. Während der Luftangriffe wurde das Leuna-Werk künstlich vernebelt und die Scheinwerke teilweise beleuchtet, um die Bomberpiloten zu täuschen. Die durchschauten die Potemkinschen Dörfer jedoch bald, sodass weder auf Zöschen noch auf die beiden anderen Scheinanlagen ein Bombenangriff verzeichnet ist.

Glücklicherweise blieb Zöschen während all dieser Jahre von direkten Treffern verschont. Nur einmal explodierte eine Luftmine in

---

[17] Hofmann, Wilhelm (o. J.): Private Aufzeichnungen. Nicht veröffentlicht, o. S.

der Nähe der Teichwiese. War es ein Notabwurf, ein Versehen oder ein bewusster Beschuss? Sicher ist, dass niemand verletzt wurde, obwohl entlang der Leipziger Straße durch die Druckwelle Fensterscheiben zu Bruch gingen und sich einige Dachziegel lösten.

Wallendorf hatte derweil weniger Glück: Im Sommer 1944 schlug im Zuge eines schweren, stundenlang anhaltenden Bombardements der Leuna-Werke eine Bombe in der Nähe der Schule ein, traf Wohnhäuser und tötete deren Bewohner.

Doch auch Zöschen blieb von Tragödien nicht verschont: Auf dem Bahnhof wurde eine Eisenbahnflak stationiert, da die bereits existierende Flakbatterie am Kanal eine zu geringe Reichweite besaß und den zu hoch fliegenden englischen Bombern nichts anhaben konnte. Diese Eisenbahnflak rückte bei Alarm aus, fuhr auf den Schienen in die Nähe von Göhren und eröffnete von dort das Feuer auf die Flugzeuge. Eines Tages kam jedoch ein so plötzlicher Angriff – der vielleicht teilweise sogar der Flakstation direkt galt – dass die Flak nicht mehr rechtzeitig in Bewegung kam. Bomben fielen im Umkreis und ein Volltreffer erwischte die Flak. Die getöteten Soldaten wurden auf dem Zöschener Friedhof beigesetzt; das Grab existiert bis heute.

Am 4. Dezember 1943 erlebte schließlich die Stadt Leipzig ihren schwersten Luftangriff während des Zweiten Weltkriegs, bei welchem viele Druckereien und Verlagsgebäude getroffen wurden. Der scharfe Ostwind trieb die angekohlten Papierfetzen bis nach Zöschen, wo sie am anderen Morgen den frischen Schnee dunkel färbten.

Im Februar und März des Jahres 1945 erreichten schließlich auch Flüchtlingstrecks aus dem Osten unseren Ort. Die Flüchtlinge wurden ein bis zwei Tage bei Bauern untergebracht, dann zogen die meisten weiter. Die Tatsache, dass selbst das schrille Heulen der Sirenen bei einem erneuten Fliegeralarm sie kaum erschreckte, zeigt, welchen Horror sie auf ihrem Weg bis hierher schon gesehen und erlebt haben mussten.

Endlich kam auch für Zöschen das Ende des Krieges: Eine Radiomeldung des Senders Leipzig verkündete starke amerikanische Panzerverbände in Markranstädt. Kurz danach fiel der Strom aus – für mehrere Wochen. Zusätzlich rückten die Amerikaner von Merseburg aus auf Zöschen vor und lieferten sich heftige Gefechte mit einer in Wallendorf stationierten und noch immer Widerstand leistenden Flakbatterie. Aus Richtung Merseburg wurde mit Artillerie nach Zöschen geschossen und es explodierten mehrere Granaten am und im Friedhof sowie in der Mühle.

> Am Abend wehte dann plötzlich eine große weiße Fahne ganz oben auf einer der großen Friedhofspappeln. Es dauerte nicht lange, da tauchte ein Trupp SS-Leute auf und drohte [Herrn Hofmanns] Vater sein Haus mit der Panzerfaust in die Luft zu sprengen, wenn die Fahne nicht heruntergeholt wird.[18]

Über Nacht waren dann plötzlich die Amerikaner da und requirierten die größten und schönsten Häuser des Ortes. Von heute auf morgen brach schon wieder in diesem nicht einmal zur Hälfte vergangenen 20. Jahrhunderts eine neue Zeitrechnung an.

> Das war etwas für uns Jungs, wenn die Amis mit Jeeps durch die Gegend preschten, mit dem linken Bein außen auf dem Kotflügel und mit dem anderen Gas gebend. Und überall Zigarettenkippen. Chesterfield und Camel, nur halb geraucht. Da haben wir selbst schon einmal eine Kippe geraucht.[19]

Mitte Juni 1945 war es dann mit dem *American Way of Life* vorbei. Plötzlich hieß es: „Die Russen kommen!" Die Zöschener konnten es kaum glauben, denn schließlich fuhren ständig amerikanische Militärkolonnen Richtung Osten durch den Ort. Aber die waren nur auf dem Weg zur Autobahn, um nach Süden ins beschauliche Bayern zu verschwinden.

---

[18] Hofmann, Wilhelm (o. J.): Private Aufzeichnungen. Nicht veröffentlicht, o. S.

[19] Hofmann, Wilhelm (o. J.): Private Aufzeichnungen. Nicht veröffentlicht, o. S.

Die russische Armee besetzte das Gebiet – und blieb, wie wir alle wissen, sowohl physisch als auch ideologisch. Doch der Krieg war endlich vorbei. Zwar wurde von der Besatzungsmacht eine Ausgangssperre verhängt – bei Todesstrafe –, doch kümmerte das in diesem Moment die Zöschener weniger. Die meisten waren froh, dass sie den Krieg überstanden hatten und es keine Bombenangriffe mehr geben würde.

Das ist jedoch noch lange nicht das Ende der Geschichte. Die Folgen eines Krieges lösen sich nicht in Luft auf, nur weil in Berlin und Potsdam offizielle Dokumente unterzeichnet werden. Das Jahr 1945 wurde zum Hungerjahr: Auf die Lebensmittelkarten gab es nur noch das Notwendigste und man musste selbst Gemüse und Obst anbauen und Kaninchen, Enten, Hühner oder eine Ziege halten, um einigermaßen über die Runden zu kommen. Da es keine Margarine oder Butter zu kaufen gab, wurde trotz Verbot heimlich Butter aus Milch hergestellt. Bauern durften einmal im Jahr ein Schwein schlachten. Wer schwarz schlachtete und dabei erwischt wurde, musste eine Geldstrafe zahlen und das gesamte Fleisch wurde konfisziert. Aus Zuckerrüben wurde Sirup gekocht, der als Brotaufstrich diente und Kaffee bestand fortan nicht mehr aus echten Kaffeebohnen, sondern aus gerösteten Gerstenkörnern. Auch Seife wurde teilweise selbst hergestellt: aus kalkhaltigem Ton, der allerdings nicht einmal die Spur eines Schäumchens aufwies.

> Als dann die Züge wieder fuhren, überschwemmten die Stadtbewohner die Dörfer. Ihnen erging es ja noch schlechter. Sie mussten wirklich Hunger leiden. Sie boten ihre letzten Habseligkeiten zum Tausch für etwas Essbares – Hunger tut weh. Wir hatten ja aber auch nur Kartoffeln und etwas Mehl übrig.[20]

Die Menschen mussten sich selbst helfen – und das oftmals nicht nur mit legalen Mitteln. Felder wurden reihenweise in Nacht-und-Nebel-Aktionen abgeerntet: Kartoffeln wurde herausgebud-

---

[20] Hofmann, Wilhelm (o. J.): Private Aufzeichnungen. Nicht veröffentlicht, o. S.

delt, Gemüse säckeweise fortgeschleppt und Getreideähren vom Halm geschnitten, sodass das Ziegeleigut sogar sogenannte Feldwächter zur Bewachung einsetzte. Auch bei Privatleuten kamen immer wieder über Nacht Gemüse, Obst und auch Hühner und Enten abhanden. Ein Verlust, der in diesen Zeiten noch schwerer wog als sonst. Hinzu kam, dass viele Männer im Krieg geblieben, alle jungen Pferde von der Armee rekrutiert worden und kaum Düngemittel und Saatgut vorhanden waren. Die Felder konnten nicht ordnungsgemäß und rechtzeitig bestellt werden und Ernteeinbußen waren die Folge, sodass die Not sich noch vergrößerte.

Der größte Mangel im bitterkalten Hungerwinter war Kohle. Sobald ein Güterzug mit Brennmaterial auf dem Bahnhof hielt, wurde versucht, die Aufpasser zu umgehen und an ein paar Briketts zu kommen. 1946 wurde den Einwohnern im Umkreis dann erlaubt, sich selbst Braunkohle aus dem Tagebau in Lochau zu beschaffen. Die Kohle musste selbst abgehackt und in Körben den 15 Meter langen Hang hinaufgetragen werden.

Je weiter die Monate voranschritten, desto mehr deutsche Soldaten, die aus der Gefangenschaft entlassen worden waren, zogen durch den Ort, halfen einige Tage oder Wochen bei Bauern aus, stärkten sich etwas und zogen dann weiter Richtung Heimat – mit allen Hilfsmitteln, die sie auftreiben konnten.

> Einer hat es fertig gebracht, sich aus alten Fahrradteilen ein Fahrrad zusammenzubasteln. Er fuhr dann damit los Richtung Rheinland, wo er zu Hause war.[21]

## ZSCHERNEDDEL

Bevor Zöschen im Zuge der großen Eingemeindungswelle, bei welcher alle Ortschaften im Umkreis jeweils einer der Gemeinden Leuna oder Schkopau zugeteilt wurden, selbst zum Ortsteil wurde, konnte es stolz damit prahlen, selbst zwei Ortsteile zu besitzen:

---

[21] Hofmann, Wilhelm (o. J.): Private Aufzeichnungen. Nicht veröffentlicht, o. S.

Zöschen und Zscherneddel. Diese nicht immer rosige Zwangsehe wurde von der Kirche bestimmt, die Zscherneddel kurzerhand im größeren Zöschen einpfarrte. Wann das genau geschah, lässt sich heute nicht mehr nachvollziehen. Den Quellen nach zu urteilen, muss es aber zumindest vor den 1850er Jahren passiert sein.[22] An sich ist die genaue Jahreszahl ohnehin völlig bedeutungslos, da ein Großteil der Zscherneddeler sich bis heute als eben genau das sieht: Zscherneddeler. Und das von Kindesbeinen an: Ich kann mich noch gut daran erinnern, als wir uns am ersten Schultag vorstellen mussten und sich einer meiner Zscherneddeler Klassenkameraden standhaft dagegen wehrte, als Zöschener bezeichnet zu werden. Denn in *Great Zöschen* sind die Zscherneddeler die unterworfenen Schotten, die vom allmächtigen Zöschen-England ausgesaugt werden:

> Zöschen möchte anderen Gemeinden im Guten und Schlechten immer voraus sein, seine Majorität tyrannisiert das kleine Zscherneddel, was dessen Einwohnern wenig imponierte.[23]

Die Zscherneddeler boten den Zöschenern die Stirn, wenn es darauf ankam. So verweigerten sie zum Beispiel nach Arbeiten am Kirchturm die Zahlung der Kirchensteuern, bis die Turmuhr so ausgerichtet wurde, dass sie auch von Zscherneddel aus zu sehen war.

Der Zscherneddeler Stolz kommt nicht von ungefähr, schließlich wurde das Dorf über 150 Jahre vor Zöschen erstmals offiziell erwähnt: Am 01. August 1091 übertrug der Merseburger Bischof Werner dem ersten Abt des neu geweihten Petriklosters in Merseburg die Lehnsherrschaft über mehrere Güter und Dörfer, darunter auch Zscherneddel. Als die Reformation in Mitteldeutschland im-

---

[22] Schmekel, Alfred (1858): Historisch-topographische Beschreibung des Hochstiftes Merseburg. Ein Beitrag zur Deutschen Vaterlandskunde. Halle/Saale: Hermann Berner.
[23] Privataufzeichnung von Pfarrer Heinicke, 1897.

mer mehr Raum gewann und „auch die Mönche des Merseburger Klosters St. Petri und Paul nach und nach teils entliefen, teils verstarben"[24] gingen der Klosterbesitz und die dazugehörigen Lehen an den Kurfürsten von Sachsen über.

Doch Zscherneddels Wurzeln sind viel älter. Wie auch Zöschen wurde Zscherneddel als slawische Siedlung gegründet. Der ursprüngliche Name *Zschörnödel*[25] oder auch *Zschernödel*[26] leitet sich vom slawischen Wortstamm *zschörn* ab, der so viel wie „schwarz" bedeutet[27] und auf fruchtbaren Boden verweist. Derselbe Wortstamm findet sich auch im nahegelegenen Ort Zschöchergen.

Noch heute lässt sich in Zscherneddel der typische Grundriss einer slawischen Siedlung erkennen: Um einen in der Dorfmitte gelegenen Rundplatz gruppieren sich mehrere Gehöfte, deren jeweiliger Eingang in die Mitte zeigt. Von diesem Rundplatz gehen, in unserem Fall in Nord-Süd-Richtung, zwei bis drei Wege ab.

Aufgrund der Nähe zur wichtigen Handelsstraße nach Leipzig wurde auch Zscherneddel in Kriegen von durchziehenden Heeren aller Länder regelmäßig zerstört. Während des Dreißigjährigen Kriegs plünderten 1632 die Schweden vor der geschichtsträchtigen Schlacht bei Lützen das Dorf, später die kaiserlichen Alliierten. Im gleichen Jahr starben 128 Menschen in Zscherneddel und Zöschen an der Pest. Auch im Siebenjährigen Krieg und während der Befreiungskriege kam Zscherneddel nicht ungeschoren davon. Doch wie heißt es so schön? Geteiltes Leid ist halbes Leid.

Obwohl Zscherneddel und Zöschen nicht unbedingt als Traumpaar gelten – und 1729 sogar vor Gericht landeten, weil die

---

[24] Privataufzeichnung von Pfarrer Heinicke, 1897.

[25] Vgl. Landkarte „Das Stifft Merseburg" um 1730.
http://www.saxosilesia.de/atlasselectus/merseburg_g_a.html

[26] Vgl. „Amts Schkeuditz Description, wie solches anitzo den 7. Juni Ao 1641 befunden worden".

[27] Wortstamm u. a. zu sehen im russischen Wort чёрный, im polnischen Wort czarny und im tschechischen Wort černý für „schwarz".

Zscherneddeler gegen das Verbot verstießen, nur Zöschener und kein fremdes Bier zu kaufen –, haben beide Ortschaften dennoch *gemeinsam* ihre Geschichte geschrieben, Höhen und Tiefen erlebt. Die wahre Liebe wächst nun einmal mit den Jahren ... oder Jahrhunderten.

# FABELHAFTE FOTOMOTIVE

Ich habe zwar geschrieben, dass Zöschen nicht unbedingt mit nach Stadtteilen gegliederten Sehenswürdigkeiten und dazugehörigen Panoramaspaziergängen aufwarten kann, aber ein paar fotowürdige alte Steine stehen hier dennoch herum. Zugegeben, wir haben weder einen Eiffelturm noch ein Brandenburger Tor oder einen Buckingham Palace, aber die Geschichten hinter unseren Sehenswürdigkeiten stehen manch beeindruckenderen Bauten in nichts nach. Also zücken Sie Ihre Fotoapparate, klemmen Sie Ihre Smartphones auf Selfie-Sticks und üben Sie schon einmal Ihr bestes Schnappschusslächeln.

## DIE HEIDEN VON ZÖSCHEN UND IHRE KIRCHE

Ein bisschen was habe ich Ihnen ja schon über unsere slawischen Urahnen erzählt. Doch gehen wir noch einmal zurück in diese Zeit, als an *Deutschland* noch nicht zu denken war, sich das ostfränkische Reich vom Norden bis zum Mittelmeer erstreckte, Kaiser Otto der Große seinen Sohn mit der byzantinischen Prinzessin Theophanu vermählte und mit seiner Herrschaft den Grundstein für das Heilige Römische Reich Deutscher Nation legte.

Nach der legendären Schlacht auf dem Lechfeld 955, bei welcher Otto I. die Ungarn besiegte, gelobte er, als Dank und zu Ehren Gottes ein Bistum zu gründen, um das Christentum in heidnischen Gebieten zu verbreiten. Seine Wahl fiel auf die von seinem Vater König Heinrich I. ausgebaute Pfalz Merseburg, welche zu jener Zeit an der Ostgrenze des Hassegaus lag – eines Gebietes, das sich zwischen den Orten Mansfeld, Naumburg, Halle und Wettin erstreckte und zum hersfeldischen Missionsgebiet gehörte. Das neue Bistum Merseburg sollte zu einem bedeutenden religiösen Zentrum werden und den heidnischen Wenden und Sorben östlich der Saale endlich Manieren beibringen. Aufgrund ihrer günstigen – oder aus wendisch-sorbischer Sicht eher ungünstigen – Lage, waren die Bewohner *Zsesemes* als Erste mit an der Reihe. Und obwohl sich erst im 12. Jahrhundert im Zuge der sogenannten Deutschen Ostsiedlung deutschsprachige Bevölkerung in dem Gebiet zwischen Merseburg und Leipzig niederließ, trugen die Missionsversuche schon bald nach Gründung des Bistums erste Früchte. In *Zseseme* – also der damaligen slawischen Siedlung Zöschen – wurde um das Jahr 1000 n. Chr. auf dem alten heidnischen Begräbnishügel, welcher sich zwei Meter über das sumpfige Überschwemmungsland erhob, eine Kirche errichtet. Aus war es mit dem Heidenspaß.

Passenderweise trägt unsere Kirche den Namen eines östlichen Herrschers und Heiligen, welcher zu Lebzeiten die Christianisierung in seinem Hoheitsgebiet vorantrieb: Wenzel von Böhmen. Wie vielen anderen Missionaren war auch Wenzel kein langes, friedvolles Leben beschieden. Der Legende zufolge wurde er während eines Gottesdienstes – Achtung, Ironie fliegt tief! – von seinem Bruder und Anführer der Opposition, Boleslav, erschlagen. Schon bald nach Wenzels Tod begann seine Verehrung als Märtyrer und Nationalheiliger Böhmens.

Unsere Kirche weist – wie sollte es in unserem Örtchen auch anders sein – gleich zwei Besonderheiten im Vergleich mit „normalen" Dorfgotteshäusern auf: einen fehlenden Kirchhof und eine fast vollkommene Symmetrie der äußeren Erscheinung. Das Zweite kann unter die Kategorie „Renovierungsfehler" abgestempelt werden: Bis in die 1750er Jahre hinein hatte auch die Zöschener Kirche die typische an ein Kreuz angelehnte Form mit einer Apsis im Osten und einem Kirchenschiff im Westen. Von 1754 bis 1757 wurde das Kirchenschiff allerdings zu einem barocken Saal vergrößert, während an Stelle der Apsis ein Chorraum trat, der fast ebenso groß wie das Schiff war, sodass unser Glockenturm nun genau in der Mitte der Kirche liegt.

Was den fehlenden Friedhof um die Kirche herum angeht … Der fehlt gar nicht – zumindest nicht richtig. Jahrhundertelang machten es die Zöschener wie alle anderen und bestatteten ihre Verblichenen um das Gotteshaus herum. Doch dann wurde der Platz zu eng und eine Erweiterung widersprach dem Ästhetikgefühl der Herrscherfamilie von Brandenstein. Ja, bei genauerer Überlegung ließe sich dieses, im wahrsten Sinne des Wortes, tote Gebiet doch eigentlich viel besser nutzen – nämlich als Bauplatz. Ein neues Friedhofsgelände war schon im 17. Jahrhundert vor den Toren des Dorfes erschlossen worden und so schien es nach 1800 nur logisch, den alten Friedhof zu beseitigen und Gutsgebäude sowie ein neues Schulhaus auf dem Gelände zu errichten. Die von Brandensteins selbst ließen sich allerdings nicht irgendwo vor dem Dorf zu Grabe tragen, sondern ganz nobel „meistens in mitternächtlicher Stunde bei Fackelschein und Glockenklang"[28] in gemauerten Gewölben in der Kirche selbst bestatten. *Noblesse oblige* – Adel verpflichtet eben.

Und noch eine kleine Besonderheit findet sich in unserem Kirchlein: eine echte Ladegastorgel. Friedrich Ladegast wurde am 30. August 1818 im sächsischen Hochhermsdorf (heute Hermsdorf) als achtes Kind des Tischlers und Röhrenmeisters Johann Christlieb Ladegast geboren. Zusammen mit seinem älteren Bruder entschloss er sich, seine Liebe zur Musik zum Beruf zu machen und Orgelbauer zu werden. In den 1840er Jahren ließ er sich mit einer eigenen Werkstatt in Weißenfels nieder. Man mag es kaum glauben, doch Weißenfels gehörte zu jener Zeit zu den mitteldeutschen Städten, die sich im Zuge der Industrialisierung am rasantesten entwickelten – Boomtown an der Saale sozusagen.

Zehn Jahre später erlebte Ladegast schließlich seinen großen Durchbruch – und das ausgerechnet mit einer Orgel für den Merseburger Dom. Dieses noch heute zu den größten romantischen Orgeln Deutschlands zählende Instrument brachte Ladegast national und international großen Ruhm ein und hob ihn aus den Rän-

---

[28] Heinicke, Friedrich (o. J.): Chronik der Parrochia Zöschen früher und jetzt. Nicht veröffentlicht. S. 69.

gen der kleineren Orgelbauer heraus. Franz Liszt soll durch den Klang der Merseburger Orgel sogar zu einigen seiner großen Orgelwerke inspiriert worden sein.

In den kommenden Jahren folgten weitere bedeutende Aufträge, sodass sich Ladegastorgeln heute in der Leipziger Nikolaikirche, in der Wittenberger Schlosskirche, in Schulpforta, Schwerin, Görlitz und sogar Tallinn, Wien und Moskau finden. Und in Zöschen – für uns ist eben nur das Beste vom Besten gut genug. Welch überragender Meister sich im Auftrag unseres Örtchens bemühte und welcher Schatz in unserer Kirche schlummert, zeigt am besten eine Aussage Albert Schweizers aus einem Brief an den damaligen Merseburger Domorganisten Hans-Günther Wauer:

> Ich halte Friedrich Ladegast für den bedeutendsten Orgelbauer nach Silbermann, dessen Tradition er fortsetzt. Sowohl in technischer wie auch in klanglicher Hinsicht sind seine Schöpfungen in gewisser Hinsicht einzigartig. Ich selber war ergriffen von der Spielart und der Tonschönheit der Ladegast-Orgeln, die ich unter die Finger bekam und habe Organisten, die ihre Ladegast-Orgeln umbauen und modernisieren wollten, zu Beginn unseres Jahrhunderts, von dieser Sünde abgeraten.[29]

---

[29] Brief Albert Schweitzers an Hans-Günther Wauer aus Lambarene, Gabun, 1958.

**Abbildung 4 - Kirche St. Wenzel**

Abbildung 5 - Detailansicht der Ladegastorgel in der Zöschener Kirche
St. Wenzel

## IM GEDENKEN AN PROTESTIERENDE
## PROTESTANTEN

Vor nicht allzu langer Zeit wurde in ganz Deutschland das 500. Reformationsjubiläum gefeiert – eigentlich kein schlechter Anlass, um auch einmal die Zöschener Bibelfestigkeit zu beleuchten. Zumal wir sogar ein in Stein gemeißeltes Glaubenszeugnis in der Dorfmitte stehen haben.

Wahrscheinlich bin ich nicht die Einzige, die bis vor kurzem keine Ahnung hatte, an was das kleine Denkmal vor der Kirche eigentlich erinnern soll. Dieser Stein steht dort schon, seit ich mich erinnern kann. Aber zu welchem Zweck?

Eine feste Burg
Ist unser Gott

Zum Andenken an die
Verlesung der
Evangelischen Konfession
vor dem Reichstag
in Augsburg
am 25. Juni 1530

Errichtet am 25. Juni
1830

Die Gemeinden von
Zöschen und Zscherneddel

So lautet die Inschrift des Denkmals. Ist Ihnen schon ein Licht aufgegangen? „Evangelische Konfession" und das Jahr 1530 weisen schon stark auf den ganz in der Nähe in Eisleben geborenen rebellischen Mönch hin, der in Wittenberg ein Pamphlet an die Kirchentür nagelte und damit eine Lawine lostrat, die die Welt verändern sollte und in deren Strudel auch unser beschauliches Zöschen geriet.

Martin Luthers 95 Thesen setzten am 31. Oktober 1517 die reformatorische Bewegung in Deutschland in Gang, die trotz des von

Kaiser Karl V. erlassenen Wormser Edikts von 1521, das die Lektüre und Verbreitung von Luthers Schriften strengstens verbot, wie ein Lauffeuer über ganz Deutschland hinwegfegte. Der Kaiser und seine treuen katholischen Anhänger mussten bald einsehen, dass ihr Schriebs das Papier nicht wert war, auf dem er stand. Viele Landesfürsten weigerten sich frei heraus, das Edikt anzuerkennen. Zwar wurde es auf dem Reichstag zu Speyer 1529 erneut bekräftigt, doch fand eine Umsetzung nur in den katholischen Territorien statt. Übrigens werden die Evangelischen auch Protestanten genannt, weil die evangelischen Reichsstände damals lautstark gegen die erneute Bekräftigung protestierten. So schnell kommt man zu einem Spitznamen, der die Jahrhunderte überdauert.

Doch was hat es nun mit der oben erwähnten Verlesung der Evangelischen Konfession in Augsburg auf sich, dass diesem Ereignis sogar in unserem Mokchen ein Gedenkstein gewidmet wurde? Man höre und staune, aber die Evangelische Konfession, auch Augsburger Konfession oder *Confessio Augustana* genannt, ist neben den Thesen eines der wichtigsten Schriftstücke in der Geschichte der evangelischen Kirche.

Obwohl das Wormser Edikt nicht allzu beliebt war, gab es nichts an seiner Rechtmäßigkeit zu rütteln. Die Landesfürsten mochten vom katholischen Karl halten, was sie wollten, aber er war nun einmal der Kaiser und somit das Oberhaupt des Heiligen Römischen Reiches Deutscher Nation. Durch seine Bestätigung stand die Reformation auf rechtlich unsicherem Boden. Aus diesem Grund beauftragte Kurfürst Johann von Sachsen Philipp Melanchthon, eine Verteidigungsschrift für die Reformation zu verfassen. Zusammen mit dem Theologen und Reformator Johannes Brenz setzte Melanchton die *Confessio Augustana* auf, die die Übereinstimmung der evangelischen mit der katholischen Kirche in vielen Punkten betonte.

Kaiser Karl ließ sich allerdings keinen Honig ums Maul schmieren. Er hörte höflich zu und zuckte im Geiste gleichgültig mit den

Schultern. Sollten die Protestanten doch protestieren, er war der Kaiser, er war katholisch und der bereits exkommunizierte Luther konnte ihm im Mondschein begegnen. Doch die Evangelischen beschränkten sich nicht länger aufs Protestieren. Sie legten sinnbildlich die Rüstungen an und schlossen sich zum Schmalkaldischen Bund zusammen. Kaiser Karl gelang es zwar, den Bund 1547 militärisch zu zerschlagen, doch gaben die Protestanten noch immer nicht klein bei. Karls Wunsch, nach sich seinen Sohn Philipp, seines Zeichens König des – Achtung! – katholischen Spaniens, auf den Kaiserthron zu befördern, goss weiter Öl ins Feuer. 1552 kam es schließlich zur Explosion: Die evangelischen Fürsten formierten sich zu einer Rebellion, die den Kaiser vollkommen unerwartet traf und zur Flucht zwang.

Die durch die Reformation hervorgerufenen Unruhen und andauernden Konfessionskriege ließen allmählich die Rufe nach Frieden im Reich von allen Seiten immer lauter werden. Und auch politisch brannten Karl längst die Fußsohlen. So kam es dazu, dass auf dem Augsburger Reichstag 1555 schließlich ein Religionsfrieden beschlossen wurde, dessen Grundlage im weitesten Sinne ebenfalls die Evangelische Konfession bildete.

Dies alles ist Weltpolitik, doch wie sah es zu der Zeit auf unserem Fleckchen Erde aus? Während die Reformation in den Ländern um Merseburg herum längst durchschlagende Erfolge feierte, stemmte sich der Merseburger Bischof mit aller Macht gegen Luthers Lehre. 1539 ermahnte er den Adel der Umgebung, an ihren Lehnseid zu denken und treu zu ihm und der katholischen Kirche zu stehen. Während sich ihm der Großteil der versammelten Herren unterwarf, erwiderten andere – darunter auch Wolf von Brandenstein aus Zöschen und Otto von Zweimen –, dass sie dem Bischof zwar in allem anderen gehorchen wollten, aber in Sachen Religion ihrem Gewissen folgen müssten. So kam es, dass in Zöschen bereits 1539 der erste evangelische Gottesdienst abgehalten wurde, während Merseburg erst 1543 nachzog. Da soll noch einer sagen, auf dem Dorf sind alle von gestern!

Noch eine Anekdote am Rande: Im Jahr 1883 wurden zu Luthers 400. Geburtstag im gesamten Deutschen Kaiserreich Bäume zu Ehren des Reformators gepflanzt. Zöschen ließ sich nicht lumpen und setzte eine Lutherlinde neben die Kirche. Sie fragen sich, wo die abgeblieben ist? Pfarrer Heinicke bringt mit seiner Chronik Licht ins Dunkel: „Leider hat sich diese Lutherlinde wegen des dortigen schlechten Erdbodens [...] nur kümmerlich entwickelt"[30]. Nun ja, einen Versuch war's wert.

---

[30] Heinicke, Friedrich (o. J.): Chronik der Parrochia Zöschen früher und jetzt. Nicht veröffentlicht. S. 60.

Abbildung 6 - Luther-Denkmal vor der Kirche St. Wenzel

# DAS VERGESSENE DENKMAL

Über den eisernen Adler, der seit Ewigkeiten mit gespreizten Flügeln auf unserem alten Dorfplatz auf einer rötlichen Steinsäule mit Siegeskranz sitzt, hatte ich mir nie zuvor Gedanken gemacht. Der steht halt dort ... schon immer. Die eigentliche Überraschung kam, als ich mich einmal jemand fragte, was es mit diesem Denkmal eigentlich auf sich habe? Erster Weltkrieg, Zweiter Weltkrieg? Weit gefehlt.

Irgendwann kam ich auf die grandiose Idee, mir doch einmal die Inschrift anzusehen – und was stand da geschrieben?

Zur Erinnerung
an die Kriege
1864, 1866,
1870–1871
und Reichsgründung
von 1871

Sieh mal einer an. Machen wir einmal die Probe aufs Exempel: Hören Sie kurz auf zu lesen, heben Sie Ihren Blick von der Buchseite, legen Sie Ihr Handy, Ihren Computer, Ihr Tablet und Ihr Lexikon weit weg und dann versuchen Sie sich einmal zu erinnern, auf welche Geschehnisse diese Jahreszahlen anspielen...

Na, waren Sie erfolgreich? Zugegeben, da muss man in Geschichte schon gut aufgepasst haben, um sich diese Ereignisse einzuprägen. Während der Deutsch-Französische Krieg 1870/71 und die darauf folgende Gründung des Kaiserreiches vielleicht den meisten noch irgendwie geläufig sind, wird es bei 1864 und 1866 schon schwieriger. Und doch gehören diese drei Zahlen zusammen wie Latsch und Strumpf, wie man bei uns so schön sagt. Wie und warum? Das werden Sie gleich erfahren.

Reisen wir zurück in die Zeit, bevor es überhaupt ein geeintes Deutschland gab. Und damit meine ich jetzt nicht 1949 bis 1990, sondern ein ganzes Stück früher. *Deutschland* existiert nämlich erst seit knapp 140 Jahren. Zuvor war die Landkarte geprägt von vielen größeren und kleineren Einzelstaaten – Königreiche, Fürstentümer, Herzogtümer –, wobei das Königreich Preußen flächenmäßig das größte (aber auch zerstückeltste) Territorium umfasste: vom Rhein bis zur Kurischen Nehrung.

Um alle Hintergründe zu verstehen, müssen wir noch einmal mehr als 200 Jahre in die Vergangenheit reisen, in die Zeit der Befreiungskriege gegen Napoleon. Ein Großteil der Bevölkerung hatte gehofft, dass nach Napoleons Niederlage ein geeintes Deutschland entstehen würde. Dieser Traum wurde jedoch mit den Beschlüssen des Wiener Kongresses und der Restauration der vornapoleonischen Verhältnisse zunichte gemacht.

Die Zeit schritt voran, die Epoche der industriellen Revolution begann, die die Arbeitsbedingungen und Lebensumstände fast der gesamten Bevölkerung tiefgreifend und dauerhaft umgestalten sollte, doch das Gesellschaftssystem und vor allem das europäische Herrschaftssystem bewegten sich nicht vom Fleck. Und was passiert, wenn etwas zu lange steht? Es beginnt zu gären – und zwar nicht nur in Deutschland, sondern in ganz Europa.

1848 breitete sich eine Revolutionswelle über Europa aus und erfasste Gebiete (das mit der Bezeichnung „Land" war nicht nur auf deutschem Territorium eine heikle Angelegenheit) wie Frankreich, Italien, Ungarn, die Slowakei, Österreich, Tschechien, Dänemark, ja kurzzeitig sogar die Schweiz. In den Staaten des Deutschen Bundes kam es zur sogenannten Märzrevolution. Man forderte Pressefreiheit, eine Reform der Gerichtsbarkeit und vor allem einen geeinten Nationalstaat mit einem gewählten Parlament.

In Berlin und anderen Städten herrschten bürgerkriegsähnliche Zustände: Barrikaden wurden errichtet, Straßenkämpfe gegen die königlichen Truppen ausgefochten. In der Frankfurter Paulskirche kam es sogar zur Gründung einer Nationalversammlung, die sich als verfassungsgebendes Gremium der Deutschen Revolution sowie als vorläufiges Parlament des entstehenden Deutschen Reiches sah.

Die in weiten Teilen Europas tobenden Revolutionen machten auch vor Zöschen nicht halt:

> Das Doppeljahr 1848 und 1849, das so überall die Völker in Brand setzte, warf seine Feuerfunken auch auf das Dorf und setzte die Gemüter in Brand und Aufregung. Volksversammlungen wurden auf der Bergschenke [in Wallendorf] gehalten und von hier aus eifrig besucht. Dort hielt der Amtmann Reisert aus Wegwitz flammende Reden.[31]

Auch in den Zöschener Gaststätten wurden eifrig Reden geschwungen, die neuesten Ereignisse verfolgt und kommentiert. Doch so schnell die Flamme der Revolution aufgeflackert war, so schnell und blutig wurde sie von den militärischen Truppen der betroffenen Gebiete wieder erstickt. Als schließlich der preußische König Friedrich Wilhelm IV. die ihm durch die Nationalversammlung angetragene Kaiserwürde ablehnte – nicht, weil er zu bescheiden war, sondern weil er nur Kaiser von Gottes- und Fürstengnaden, nicht aber von Volksgnaden sein wollte, der Snob –, war die Frankfurter Nationalversammlung faktisch gescheitert. Die Deutsche Revolution von 1848/49 wurde niedergeschlagen.

Die Idee eines einheitlichen Nationalstaates hatte sich jedoch in den Köpfen festgesetzt. Hinzu kam, dass nun auch der Adel den Nutzen einer solchen Einigung erkannte: Ein einheitlicher deutscher Binnenmarkt sollte die Grundlage für die beginnende industrielle Revolution in Deutschland sein. Das war allerdings schwieriger als gedacht. Sowohl Preußen als auch Österreich (das ja laut alter Tradition des Heiligen Römischen Reiches Deutscher Nation in der ganzen Sache mit drin hing) wollten ein „Großdeutschland" bzw. „Großösterreich" mit sich selbst an der Spitze gründen. Nachdem die Verhandlungen der beiden Egomanen 1850 beinahe zum Krieg geführt hätten, wurde die Einigung erst einmal wieder auf Eis gelegt.

---

[31] Heinicke, Friedrich (o. J.): Chronik der Parrochia Zöschen früher und jetzt. Nicht veröffentlicht. S. 19.

1861 bestieg schließlich König Wilhelm I. den preußischen Thron, schlitterte kurze Zeit später in eine Verfassungskrise, die ihm fast die Krone kostete und ernannte als letzten Ausweg Otto von Bismarck zu seinem Ministerpräsidenten. Der war bekanntlich nicht dumm, wenn auch nicht der freundlichste und philantropischste Zeitgenosse. Er wusste, dass die preußische Krone nur dann Rückhalt im Volk gewinnen konnte, wenn sie sich an die Spitze der deutschen Einigungsbewegung setzte. Und was weckt die meisten Einheitsgefühle? Natürlich ein Krieg – irgendwie paradox, aber leider wahr.

Und schon sind wir bei unserer ersten Denkmalszahl angekommen: 1864. Die ersten Dummen, die einen praktischen Vorwand lieferten, das Schwert zu zücken, waren nämlich unsere nördlichen Nachbarn: die Dänen.

Und wieder wird es kompliziert. Der dänische König war gleichzeitig Herzog von Schleswig, Holstein und Lauenburg. Während Holstein und Lauenburg zum Deutschen Bund gehörten, war Schleswig ein Lehen Dänemarks – sprachlich-kulturell allerdings sowohl dänisch als auch deutsch geprägt. Im Zuge des Strebens nach einem einheitlichen Nationalstaat (man erinnere sich, die Dänen hatten 1848 auch revoltiert) wurde Schleswig nun sowohl von Dänemark als auch von Deutschland beansprucht. Es kam, wie es kommen musste – wer streitet, zückt irgendwann die Keule und haut drauf.

Die Dänen waren zwar zu Zeiten der Wikinger gefürchtet, hatten danach allerdings nicht mehr groß von sich reden gemacht. Mit der Besetzung Schleswigs und Jütlands durch die preußischen und österreichischen Truppen – ja, der Feind meines Feindes ist mein Freund oder so ähnlich – und die endgültige Niederlage Dänemarks bei der Schlacht an den Düppeler Schanzen kam Schleswig unter preußische Herrschaft. Der neue/alte Freund Österreich erhielt Holstein, musste sich die Verwaltung des Gebietes allerdings mit Preußen teilen. Was denken Sie? Kann das gut gehen, nach allem, was wir schon erfahren haben? Richtig, Pack schlägt sich, Pack verträgt sich – und schlägt sich dann wieder.

Willkommen im Jahr 1866 – unserer zweiten Denkmalszahl – und somit mittendrin im Deutschen Krieg. Es stehen sich gegenüber: In der linken Ecke, der Titelverteidiger und Altmeister (schließlich hatte man vom Spätmittelalter bis zum Auftauchen dieses korsischen Knilchs 1806 das Heilige Römische Reich Deutscher Nation beherrscht): Österreich. In der rechten Ecke, der Herausforderer und (im wahrsten Sinne des Wortes) feurige Jungspund: Preußen.

Die Entscheidung fiel nach einigen Runden schließlich in der Schlacht bei Königgrätz in Böhmen, in welcher die vereinigten preußischen Armeen unter der persönlichen Führung König Wilhelms gegen die Österreicher siegten. Während 1864 niemand aus Zöschen gen Dänemark zog, sah es im Deutschen Krieg schon ganz anders aus: 32 Mann kämpften unter preußischer Flagge gegen Österreich, darunter der Husar Wilhelm Hofmann, der Musketier Carl Schneidewind und der Unteroffizier Ernst Frenkel, der sogar für persönliche Tapferkeit mit einem Orden ausgezeichnet wurde.

Da aller „guten" Dinge nun einmal drei sind und wir ja auch noch eine Jahreszahl übrig haben, folgt sogleich der nächste Streich – oder besser gesagt Streit. Wer fehlt noch in der Sammlung? Natürlich, die Franzosen. Was die gemacht haben? Im Konflikt um die spanische Thronfolge mitgemischt.

Ja, ich sehe die ratlosen Gesichter über den Buchseiten deutlich vor mir. Spanien? Was sollen wir denn auf einmal in Spanien? Wir – gar nichts. Aber Prinz Leopold von Hohenzollern (seines Zeichens Cousin oder Onkel oder Was-weiß-ich x-ten Grades des preußischen Königs Wilhelm) sollte dort König werden. Leopold selbst war ganz zufrieden mit seinem Leben im beschaulichen Sigmaringen, doch Bismarck hatte den Prinzen zur Kandidatur gedrängt, um das Ansehen Preußens zu steigern. Einen Hohenzollern auf dem spanischen Thron fand der französische Kaiser wiederum alles andere als lustig. Leopold zog seine Kandidatur zurück, doch statt es einmal gut sein zu lassen, forderte Frankreich in einer Depesche den preußischen König Wilhelm auf, sich für die Kandidatur zu entschuldigen und eine ähnliche Kandidatur für die Zukunft auszuschließen. Für Bismarck war das ein gefundenes Fressen. Er leitete Frankreichs Forderungen an die Presse weiter, kürzte die Depesche vorher aber so sehr, dass sie Frankreichs Kaiser, milde ausgedrückt, als ungehobelten Klotz erscheinen ließ. Eine Übersetzung des deutschen Artikels ins Französische empörte die *Grande Nation* wiederum so sehr, dass sie Preußen 1870 den Krieg erklärte.

Was der Franzosenkaiser allerdings nicht auf seiner Rechnung hatte: Nicht nur Preußen machte mobil, sondern es schlossen sich ihm fast alle Staaten des ehemaligen Deutschen Bundes an. Mittendrin 43 Zöschener, darunter Gefreiter Kietz, Unteroffizier Wenzel und wieder einmal Ernst Frenkel. Innerhalb weniger Wochen wurden die französischen Armeen besiegt und der Kaiser nach der Schlacht bei Sedan gefangen genommen. Frankreich kämpfte zwar noch bis 1871 weiter, konnte die endgültige Niederlage aber nicht mehr abwenden.

Um den Nachbarn jenseits des Rheins noch einen letzten Tritt zu versetzen, ließ sich Wilhelm I. von Preußen schließlich im Spiegelsaal von Versailles zum Deutschen Kaiser ausrufen. Bismarcks Plan war aufgegangen: Er hatte die deutschen Länder nach seinem Wunsch von oben als Monarchie vereint. Das entsprach zwar nicht den Wünschen von 1848/49, aber das war den meisten plötzlich egal.

Als die Zöschener Soldaten wieder nach Hause zurückkehrten, „wurden sie an einem Sommertage 1871 hier im festlich geschmückten Dorfe feierlich empfangen, im Festzug unter Glockengeläut zur Kirche geleitet und abends von der Gemeinde im Gasthofe von H. Kietz mit Speise und Trank bewirtet"[32].

Die Veteranen des Deutschen Krieges hatten sich bereits 1868 zum Kriegerverein zusammengeschlossen, dem die Heimkehrer von 1871 ebenfalls beitraten. Zum 25-jährigen Jubiläum des Vereins 1893 wurde schließlich der Grundstein für ein Denkmal auf dem Dorfplatz gelegt. In dessen Fundament wurde eine Blechkapsel eingemauert, die eine von Dr. Georg Dieck aufgesetzte Urkunde, eine Tageszeitung und – wie es sich für eine richtige Schatzsuche gehört – einige Goldmünzen enthielt. Der festliche Umzug durch den Ort fand im strömenden Regen statt, doch umso schneller konnte man im warmen Gasthaus einkehren, in dem, wie schon 50 Jahre zuvor, feurige Reden geschwungen wurden – dieses Mal nur mit anderem Inhalt:

> Wenn unser junger Kaiser kommt
> und klopft nur auf die Hosen,
> dann läuft die ganze Feindesschar,
> Kosaken und Franzosen.
> Wir kloppen mit.[33]

Und die Zuhörer antworteten begeistert: „Hurra, wir kloppen ooch. Hoch! Hoch! Wir ooch!"[34] Hätten sie in den kommenden Jahrzehnten lieber weniger gekloppt, dann wäre uns viel erspart geblieben …

Schon vor der Errichtung des Denkmals war der sogenannte Sedan-Tag Anfang September seit dem Jahr 1874 jährlich mit einem Kinderfest im Ort gefeiert worden, was zugegebenermaßen leicht perfide anmutet. Als sich die entscheidende Schlacht des Deutsch-Französischen Krieges zum 25. Mal jährte, wurde schließlich gro-

---

[32] Heinicke, Friedrich (o. J.): Chronik der Parrochia Zöschen früher und jetzt. Nicht veröffentlicht. S. 23.

[33] Heinicke, Friedrich (o. J.): Chronik der Parrochia Zöschen früher und jetzt. Nicht veröffentlicht. S. 27.

[34] ebd.

ßer Bahnhof gemacht: Mittags marschierte der Kriegerverein in einem Festumzug durch das Dorf, die Bauern ritten auf prächtig geschmückten Pferden vorneweg – allen voran ein Japaner namens Yunome. Ja, richtig gehört, ein Gast aus dem Land der aufgehenden Sonne, der damals mehrere Jahre als Gärtner hier arbeitete. Dahinter reihten sich Schulkinder, ein Musikchor und alle jungen Mädchen des Dorfes mit Blumenkränzen im Haar ein. Am Denkmal angekommen, erhielten alle Veteranen eine Anstecknadel in Form eines Eichenkranzes als Auszeichnung, bevor der Pfarrer eine Festrede hielt und schließlich ein dreifaches Hoch auf den Kaiser ausgebracht wurde – begleitet von drei Gewehrsalven, die die Pferde dermaßen erschreckten, dass sie durchgingen und erst in Wallendorf wieder eingefangen werden konnten.

Das Kriegerdenkmal wurde später zum Treffpunkt – und auch zum illegalen Turngerät – der Dorfjugend, was den Adler eines Tages im Sturzflug vom Sockel beförderte. Später wurde es zerstört und erst 2006 wieder errichtet. Heute trägt es zusätzlich zu der Gedenkschrift an die Einigungskriege eine weitere Inschrift:

> Nach dem
> 2. Weltkrieg und der
> Teilung Deutschlands
> wurde das
> Denkmal geschliffen
> und zum Andenken
> an die Wiedervereinigung
> vom 03.10.1990
> 2006 wiedererrichtet.

Das vergessene Denkmal auf dem Dorfplatz erinnert also nicht nur an eine, sondern an zwei Einigungen Deutschlands. Historisch kann so etwas wohl kaum ein anderes Land auf der Welt vorweisen.

Abbildung 7 - Kriegerdenkmal auf dem Zöschener Dorfplatz

# ES KLAPPERT DIE MÜHLE

Das von Schulmeister Ernst Anschütz 1824 gedichtete Lied traf auch auf Zöschen zu – sowohl mit als auch ohne „rauschendem Bach". Denn in unserem Ort standen nicht nur eine, sondern gleich zwei Mühlen. Neben der Wassermühle an der Luppe, aus welcher der als Afrikaforscher bekannt gewordene Müllerssohn Eduard Pechuël-Loesche stammte, von dessen Abenteuern ich Ihnen später noch erzählen werde, klapperte in Zöschen noch eine weitere Mühle: die Bockwindmühle der Familie Zempel.

Hört man das Wort Windmühle, denkt man automatisch an unsere holländischen Nachbarn oder an den spanischen Ritter von der traurigen Gestalt, Don Quichote. Doch Windmühle ist nicht gleich Windmühle. Über die Jahrhunderte hinweg bildete sich aufgrund verschiedener Standortgegebenheiten und immer neuer technischer Entwicklungen allein in Europa eine Vielzahl unterschiedlicher Windmühlentypen heraus, die sich in der Bauart unterschieden. So findet man Flutterwindmühlen, Köcherwindmühlen, Turmwindmühlen, Paltrockwindmühlen, Holländerwindmühlen und eben Bockwindmühlen – die man auch gut und gern als die „Mutter aller Windmühlen" bezeichnen könnte.

Die Bockwindmühle ist der älteste Windmühlentyp Europas und wurde erstmals im 12. Jahrhundert in Belgien und Frankreich erwähnt. In Deutschland ist sie seit dem Beginn des 15. Jahrhunderts nachweisbar und wurde vor allem zum Mahlen von Getreide genutzt. Der etwas seltsam anmutende Name rührt von dem Untergestell, dem sogenannten Bock her, auf dem das eigentliche Mühlenhaus (oder auch Mühlenkasten) gelagert ist.

Ein russisches Sprichwort besagt:

> Brüderchen, du kannst den Wind
> niemals nach der Mühle drehen.
> Dreh die Mühle nach dem Wind,
> und sie wird vortrefflich gehen.

Und genau das ist es, was ein Bockwindmüller tun konnte: Je nach Windrichtung drehte er den Mühlenkasten mittels eines Auslegerbaums (Steert) so, dass die Mühlenflügel „im Wind standen", d. h. dass der Wind von vorn auf die Flügel blies und sie in Bewegung setzte.

Wie auch in Zöschen standen die Windmühlen meist etwas außerhalb des Kerndorfs, wo der Wind stärker wehte als im Ort. Das führte dazu, dass der Müller im Mittelalter von der Dorfbevölkerung eher skeptisch betrachtet wurde. Das Wetter bestimmte sein Leben und er musste dankbar für jede Stunde Wind sein, die ihm Mutter Natur bescherte. So kam es nicht selten vor, dass sich die Flügel der Mühle auch nachts drehten, wenn rechtschaffende Leute in ihren Betten lagen. Hinzu kam die komplizierte Technik, die kaum ein Nicht-Müller verstand. Man gab einen Sack Getreide ab und bekam viel weniger zurück – da Mehl nun einmal eine andere Dichte hat. So hieß es bald im Volksmund, dass all die geheimen Mühlenmechanismen und vor allem das Mahlen bei Nacht mit dem Teufel einhergingen. Gleichzeitig hatte der Müller als „Beherrscher des Winds" eine Art Machtposition inne und leistete mit seinem Handwerk einen unverzichtbaren Dienst.

Wie in vielen Handwerksinnungen üblich, erkennen sich auch wahre Müller an ihrem Gruß. Heißt es bei den Kumpeln im Bergwerk „Glück auf!", grüßen sich die Müller untereinander mit „Glück zu!" Der Müllergruß hat seinen Ursprung in der Zeit, als die freigesprochenen Müllergesellen auf Wanderschaft gingen. Dieser Glückwunsch sollte Müller und Mühle vor Unwettern, Missernten, Bränden und anderen Unglücken bewahren, welche die Familie ruinieren konnten.

Die Geschichte der Zöschener Bockwindmühle beginnt im Jahr 1880, als sie mit 13 Fuhrwerken aus dem Ort Schotterey bei Bad Lauchstädt nach Zöschen transportiert wurde. Der Müller Theodor Zempel hatte sie seinem in Rente gegangenen Müllerkollegen Adolf Wenzel mithilfe seines betuchten Müllerschwiegervaters abgekauft. Überhaupt war eine solche Herummüllerei seit eh und je gang und gäbe. Da der Müller jahrhundertelang mit Argwohn betrachtet wurde, hatten es auch seine Töchter schwer: Auf dem Heiratsmarkt waren solche „unehrlichen" Bräute im Mittelalter nicht gern gesehen. Leer sollten sie aber nicht ausgehen, denn auch andere Müller hatten schließlich Söhne, die nicht ihr Leben lang Single bleiben wollten.

Ganz im Geiste der von Aufbruchstimmung, Fortschrittsglauben und Forscherdrang geprägten Zeit des Kaiserreiches strebte auch Theodor Zempel unablässig danach, seine Mühle zu verbessern und zu optimieren. 1912 hielt die Elektrizität in Zöschen Einzug und Müllermeister Zempel machte sich diese Errungenschaft nahtlos zunutze. Um nicht mehr länger nur auf den Wind angewiesen zu sein, ließ er seine Mühle mit einem Elektroantrieb ausstatten, sodass auch bei Flaute gemahlen werden konnte. Die Mahlwerke der Zöschener Bockwindmühle waren ebenfalls auf dem neuesten Stand. Die Weiße des Weizenmehls war Qualitätsmerkmal Nummer Eins und Bäckereien aus Merseburg, Schkeuditz und sogar Leipzig schwuren auf Zempels Arbeit.

1939 erhielt Theodor Zempels Sohn Curt ebenfalls seinen Meisterbrief. Wie sein Vater hielt auch er mit der technischen Entwicklung Schritt und beauftragte eine Leipziger Firma, die Mühle umzubauen. Statt des älteren Flügelwerks mit Jalousieflügeln[35] ließ er moderne Ventikantenflügel installieren.

Diese Leichtmetallflügel, entworfen nach dem Vorbild von Flugzeugtragflächen, bestanden aus zwei annähernd V-förmig zueinander angeordneten Flügelflächen, zwischen denen ein Längsspalt bestand. Dieser Spalt konnte je nach Windstärke während des Betriebes durch einen Stellmechanismus geschlossen oder geöffnet

---

[35] Holzflügel mit Jalousieklappen, welche bei Betrieb senkrecht zum Wind gestellt werden konnten und damit eine Flügelfläche bilden; nach Beendigung der Arbeit wurden sie wieder waagerecht gestellt, sodass der Wind ungebremst hindurchwehen konnte.

werden. Die Ventikantenflügel drehten sich schon bei schwachem Wind ausreichend stark, um das Mahlwerk anzutreiben.

Im Juli 1939 wurde Curt Zempel eingezogen. Seine schwangere Frau Ilse blieb mit einem einjährigen Kind und der Mühle allein zurück, doch das Mahlen musste weitergehen. Mithilfe eines Neffen hielt sie den Mühlenbetrieb unter schwierigsten Bedingungen auch in Kriegszeiten aufrecht. Zwei Bomben fielen auf das Feld neben der Mühle, trafen sie und das Haus der Familie aber glücklicherweise nicht. Als zwei Zwangsarbeiter des Zöschener Lagers für die Mühle abgestellt wurden und Ilse Zempel sie mit Essen versorgte, entging sie nur aufgrund ihrer zwei kleinen Kinder einer Verhaftung.

Auch die nächste Generation brachte einen gelernten Müller hervor, doch das Müllerhandwerk wurde zunehmend weniger einträglich. Curt Zempel, Zöschens letzter aktiver Müller, mahlte offiziell noch bis zu seinem Ruhestand 1972 und wenige Jahre darüber hinaus für Bekannte aus dem Dorf. Danach verstummte das Mühlenklappern auch in Zöschen. Die alte Bockwindmühle steht allerdings immer noch zwischen Zöschen und Zscherneddel, etwas versteckt hinter neu gebauten Häusern – ein faszinierendes Baudenkmal eines langsam in Vergessenheit geratenen Handwerks.

Abbildung 8 - Müllermeister Theodor Zempel mit Familie

Abbildung 9 - Zöschener Bockwindmühle mit Jalousieflügeln
(links) und Ventikantenflügeln (rechts)

Abbildung 10 - Zöschener Bockwindmühle heute

## DER SCHATTEN IN UNSERER MITTE

Die etwa einen Kilometer außerhalb des Ortes angelegte Gedenkstätte für die Opfer des ehemaligen Arbeitserziehungslagers Zöschen ist die wohl bekannteste Sehenswürdigkeit des Ortes. Vor dem Beginn meiner Recherche hätte ich nie geglaubt, dass ich bei diesem Thema auch lachen würde. Verstehen Sie mich nicht falsch, ich meine damit kein fröhliches Belustigungslachen, sondern eher ein ungläubig kopfschüttelndes Schnauben über ein Regime und seine von sich selbst bierernst genommenen Idiotien. Das hört sich seltsam an? Glauben Sie mir, Sie werden in wenigen Zeilen verstehen, was ich meine. Und dann wird Ihnen das Lachen genauso schnell wieder im Halse stecken bleiben …

Es wurde bereits viel über die Nazizeit geschrieben, doch als Leser hat man allzu leicht das Gefühl, dass es einen nicht (mehr) wirklich betrifft. Das ändert sich jedoch schlagartig, wenn der Schauplatz plötzlich der eigene Heimatort ist, man die genannten Straßen genau kennt und an den Orten des Geschehens beinahe täglich vorbeispaziert.

Heute weist nichts mehr darauf hin, dass sich vor siebzig Jahren mitten in Zöschen von den Bahnschienen bis kurz vor Zscherneddel genau zwischen den beiden Wegen Richtung Zscherneddel ein sogenanntes Arbeitserziehungslager befand – umgeben von einem drei Meter hohen Stacheldrahtzaun und an jeder der vier Ecken begrenzt von fünf Meter hohen Wachtürmen.

Was man unter einem Arbeitserziehungslager versteht? Die bürokratieliebenden Regierungsschurken – allen voran Reichsführer SS Heinrich Himmler, hinter vorgehaltener Hand auch bezeichnend „Reichsheini" oder „Anhimmler" genannt – definierten trocken:

> Die Arbeitserziehungslager sind ausschließlich der Aufnahme von Arbeitsverweigerern und arbeitsunlustigen

Elementen, deren Verhalten einer Arbeitssabotage gleichkommt, bestimmt [...].[36]

Diese sollten dort „zu geregelter Arbeit" erzogen werden. Seien wir einmal ehrlich: Wären Sie als Kriegsgefangener oder verschleppter Zwangsarbeiter „arbeitslustig" gewesen, sich für ihre Feinde richtig ins Zeug zu legen?

Noch unfreiwillig komischer wird der Amtsschimmel ein Jahr später: Eine Flucht ausländischer Zwangsarbeiter wird als „Arbeitsvertragsbruch" angesehen. Weiter heißt es, dass vor allem solche Taten geahndet werden sollen, die „auf eine gegnerische Einstellung zum Deutschen Reich zurückzuführen [...] sind"[37]. Ob die Obersten wirklich in Betracht zogen, es gäbe auch nur einen positiv eingestellten Häftling?

Zumindest von offizieller Seite war „[d]ie Einweisung in ein Arbeitserziehungslager [...] keine Strafmaßnahme, sondern eine polizeiliche Vorbeugungs- und Erziehungsmaßnahme"[38]. Aha.

Wahrscheinlich wollte man vorbeugen, dass sich noch mehr Männer ein Beispiel an Propagandaminister Goebbels nahmen, der oftmals alle Viere gerade sein ließ und als „Bock von Babelsberg" lieber attraktive Nachwuchssternchen aus den Ufa-Studios abschleppte. Doch genug des rabenschwarzen Humors, jetzt wird es bitter.

Hieß es in Paragraph 2 des Erlasses über die Lagerordnung vom 12. 12. 1941 noch: „Jede körperliche Einwirkung auf die Häftlinge [...] ist untersagt", so folgen gleich in Paragraph 3 umfassende Strafmaßnahmen für den Fall von „Verletzung der Lagerordnung, Widersetzlichkeit, böswillig schlechte[r] Arbeitsleistung oder sonstige[n] Ordnungswidrigkeiten", darunter Entziehung der Morgen-,

---

[36] Erlass Himmlers vom 28.05.1941

[37] Erlass Himmlers vom 15.12.1942

[38] Erlass über Lagerordnung vom 12.12.1941

Mittags- oder Abendkost, Entziehung des Bettlagers, Sonderarbeit und Arreststrafe.

„Sind bei Polen weitergehende Maßnahmen notwendig, so kann der Leiter der Staatspolizei(leit)stelle [...] diese Maßnahmen [...] anordnen.[39]

Doch: „Versucht ein Gefangener zu fliehen, ist ohne Anrufen auf ihn zu schießen"[40].

Im Juli und August 1944 wurde das Arbeitserziehungslager Zöschen von Häftlingen des Lagers Spergau unter SS-Bewachung erbaut. Im September trafen schließlich 27 Wachmänner ein, die bereits im Lager Spergau Dienst getan hatten. Ende des Monats erhielten sie Verstärkung von über 50 Russen, die von der SS in Gefangenenlagern angeworben worden waren und nun als Aufseher eingesetzt wurden. Bei einem Großteil der deutschen Wachen handelte es sich selbst um Verbrecher, die von der NS-Regierung freigelassen worden waren, um eben jene Arbeit zu übernehmen. Und sie machten ihrem Ruf alle Ehre:

> Jupp Dylslak hatte von einem Wachmann für das Ecken-mauern eine Wasserwaage aus Teakholz bekommen. [...] Einige Tage später hat der Wachmann Kiesling im Keller-raum einen Häftling erwischt, der sich dort heimlich schla-fen gelegt hatte. Weil nichts anders griffbereit war, nahm der Wachmann die Wasserwaage und schlug damit auf den Häftling ein. Dann brachte er die kaputtgedroschene Was-serwaage [Jupp] zurück.[41]

---

[39] Erlass über Lagerordnung vom 12.12.1941

[40] Dienstvorschrift für Begleitposten vom 01.10.1933

[41] Augenzeugenbericht Frans Busschers in: Pabst, Martin (2000): Und ihr wollt nichts gehört noch gesehen haben?! Die Chronik des Arbeitserziehungslagers Zöschen vom Juli 1944 bis zum April 1945. Dokumente und Augenzeugenberichte. Halle/Saale: Verlag Doris Mandel, S. 52.

Zusammen mit den Aufsehern kamen im September 1944 auch die ersten Häftlinge nach Zöschen: Niederländer, Franzosen, Polen, Russen, Tschechen, Deutsche …

Neben Kriegsgefangenen und Zwangsarbeitern wurden auch sich nicht in den braunen Einheitsbrei einreihende Landsleute geschunden, wie Friedrich Schellenbach, der 1935 im Zuge der sogenannten Naumburger Kommunistenprozesse verhaftet und zu 9 Jahren Zuchthaus verurteilt worden war. Nach Ablauf seiner Haftstrafe nahm man ihn in „Schutzhaft" – Fragt sich nur vor was oder wem? – und brachte ihn ins Lager nach Zöschen, wo er im Oktober 1944 starb.

Neben der Arbeit im Lager wurden Häftlinge aus Zöschen auch in den Werken in Leuna und Schkopau eingesetzt.

> Da die Arbeit im Lager selbst den Tod bedeutet, versuchten alle Häftlinge, in die Arbeitskommandos [nach Leuna oder Schkopau] zu kommen, wo sie es ein bisschen besser hatten. […] Wenn dieses Kommando am Morgen ausrückte, wurde es von denen beneidet, die zurückbleiben mussten. […] Um 12 Uhr bekamen die Häftlinge eine Suppe, das heißt: Wasser mit Kohlblättern. Uns erschien diese Mahlzeit jedoch königlich, verglichen mit dem Essen im Lager.[42]

Aufgrund von Unterernährung, Entkräftung und schlimmster hygienischer Bedingungen grassierten bald Krankheiten wie Typhus im Lager, doch es gab weder einen Arzt noch Medikamente für die Häftlinge.

> Um die Häftlinge im Krankenzelt kümmerte sich niemand, die waren einfach nur zum Sterben abgelegt.[43]

---

[42] Augenzeugenbericht Christian Wolgemoeds in: Pabst, Martin (2000): Und ihr wollt nichts gehört noch gesehen haben?! Die Chronik des Arbeitserziehungslagers Zöschen vom Juli 1944 bis zum April 1945. Dokumente und Augenzeugenberichte. Halle/Saale: Verlag Doris Mandel, S. 50.

[43] Augenzeugenbericht Frans Busschers in: Pabst, Martin (2000): Und ihr wollt nichts gehört noch gesehen haben?! Die Chronik des Arbeitserziehungslagers Zöschen vom Juli

Mit dem anbrechenden Winter gesellte sich noch ein weiterer Feind hinzu: die Kälte.

Jetzt starb man nicht mehr an Hunger und Elend, sondern auch vor Kälte. Keiner der Gefangenen besaß noch irgendwelche richtigen Kleider. Alte Zementsäcke zogen wir unter unsere Lumpen, so dass wir den kalten Wind so wenig wie möglich fühlten. Aber wenn die SS uns prügelte, dann hörte sie das Papier rascheln, und sie befahl dem Betreffenden, sich zu entkleiden, ganz egal, wo man sich gerade befand, und wenn es auf offener Straße war. Das Papier wurde entfernt und der Häftling erhielt eine Strafe, weil er das Deutsche Reich bestohlen hatte.[44]

Unsere Gruppe steht beim Abendappell: Weil dem Wachmann unsere Leistung zu niedrig erscheint, durften wir nicht in die ‚Zelte‘ wegtreten, sondern mussten auf dem Appellplatz stehenbleiben. ‚Rührt euch nicht vom Fleck!‘, lautete sein Befehl. Als der Wachmann wegen der Kälte seine warme Baracke aufsuchte, stellten wir uns dicht aneinander, um uns, so gut es ging, gegen die Kälte zu schützen. Kaum kam der Wachmann zurück und wies an, dass wir uns wieder ‚ordentlich‘ in Reih und Glied zu stellen hatten, kippte einer von uns um und war tot.[45]

Allein von September bis Dezember 1944 starben im Lager 273 Häftlinge.

Meine Urgroßmutter war gebürtige Niederländerin, aus Leeuwarden in Friesland. Obwohl sie bereits als Kind mit ihrer Familie

---

1944 bis zum April 1945. Dokumente und Augenzeugenberichte. Halle/Saale: Verlag Doris Mandel, S. 53.

[44] Augenzeugenbericht Christian Wolgemoeds in: Pabst, Martin (2000): Und ihr wollt nichts gehört noch gesehen haben?! Die Chronik des Arbeitserziehungslagers Zöschen vom Juli 1944 bis zum April 1945. Dokumente und Augenzeugenberichte. Halle/Saale: Verlag Doris Mandel, S. 65.

[45] Augenzeugenbericht Frans Busschers in: Pabst, Martin (2000): Und ihr wollt nichts gehört noch gesehen haben?! Die Chronik des Arbeitserziehungslagers Zöschen vom Juli 1944 bis zum April 1945. Dokumente und Augenzeugenberichte. Halle/Saale: Verlag Doris Mandel, S. 62.

nach Deutschland gekommen war, konnte sie Niederländisch verstehen und noch brockenweise sprechen. Kamen ein paar Gefangene mit einem Auftrag in die Schmiede meines Urgroßvaters, redete sie ein paar Worte mit ihnen in ihrer Muttersprache. Einmal, um die Mittagszeit herum, steckte sie jedem der drei Männer einen Kloß zu, was allerdings vom mitgeschickten Wachmann bemerkt wurde. Was später mit diesen Häftlingen geschehen ist, weiß ich nicht. Meiner Urgroßmutter widmete der Posten nur einen Satz: „Noch einmal und Sie marschieren beim nächsten Mal selbst hier mit."

Anfang Dezember 1944 wurden die überlebenden niederländischen Gefangenen – vielleicht 50 von ehemals 500 – in Gruppen aufgeteilt und aus dem Lager entlassen. Christian Wolgemoed lag zu dieser Zeit im gefürchteten Krankenzelt:

> Am 3. Dezember kam ein Freund zu mir und sagte, dass alle gesunden Holländer irgendwo anders hinkommen, aber nur alle gesunden. Zuerst fände eine Kontrolle statt. Bei dieser Kontrolle musste man beweisen, dass man fähig war, mit geschlossenen Augen und vorgestreckten Händen auf den Zehen zu stehen. Zitternd vor Fieber überstand ich auch diese Prüfung.[46]

Christian Wolgemoed wurde einer Gruppe zugeteilt, die fortan im Buna-Werk in Schkopau eingesetzt wurde. Fünfzehn weitere kamen als freie Arbeiter – falls man in diesem Kontext das Wort „frei" überhaupt benutzen kann – in die Firma Otto Schweigel nach Weißenfels. Neun Niederländer blieben in Zöschen zurück, wo sie als freie Arbeiter weiter im Lager schufteten. Mittlerweile war auch der Krieg vollständig in Zöschen angekommen.

> Wir hausten fortan in Baracken auf dem Hinterhof der Gaststätte ‚Zum roten Hirsch'. Hier standen Betten mit De-

---

[46] Augenzeugenbericht Christian Wolgemoeds in: Pabst, Martin (2000): Und ihr wollt nichts gehört noch gesehen haben?! Die Chronik des Arbeitserziehungslagers Zöschen vom Juli 1944 bis zum April 1945. Dokumente und Augenzeugenberichte. Halle/Saale: Verlag Doris Mandel, S. 70.

cken. Einen Ofen und einen Waschraum mit Toiletten gab es auch. Wir fühlten uns wie im Paradies. Allerdings entpuppte sich die Verpflegung [...] als genauso miserabel wie im Lager, obwohl unsere Lebensmittelmarken bereits an den Gastwirt abgegeben worden waren. [...] Die Luftangriffe auf Leuna und Buna häuften sich. Die Eisenbahnflak auf dem Bahnhof von Zöschen wurde von Jabos [Jagdbomber, A.K.] angegriffen. [...] Flüchtlinge mit Pferd und Wagen treckten durch den Ort. Die Lebensmittel wurden auch für die Deutschen immer knapper, freilich war in Zöschen davon nicht allzu viel zu spüren, weil es hier eine Reihe Bauern gab, die sich selbst versorgten [...]. Tagsüber waren wir alle im Lager beschäftigt. Zum Feierabend versuchten wir, Brennholz aus dem Lager mitzunehmen. [...] Im Dezember startete das deutsche Heer in Belgien eine Gegenoffensive, die anfangs günstig verlief. Viele der Wachleute betranken sich und schöpften Zuversicht. [...] Kurz vor Weihnachten, eines Abends bei mondheller Nacht, gab es wieder einmal Luftalarm. [...] Beim ersten Bombeneinschlag verkrochen wir uns in einem kleinen Bunker in unmittelbarer Nähe unserer Baracke. Wir hörten viele Detonationen, mal weiter entfernt, mal ganz in unserer Nähe. [...] Als wir am nächsten Morgen ins Lager kamen, sahen wir, dass eine Baracke völlig zerstört war. Unsere Aufgabe bestand nun darin, gemeinsam mit den Häftlingen die Trümmerhaufen zu räumen und die Toten zu bergen.[47]

Als sich abzeichnete, dass der Krieg verloren ging, wurden im Februar und März 1945 zwei Häftlingstransporte mit insgesamt 102 Gefangenen ins Konzentrationslager Buchenwald organisiert. Dann kam das Ende.

> So ungefähr am 10. April konnten wir die Geschütze deutlich hören. [...] Als wir am 14. April früh ins Lager kamen,

---

[47] Augenzeugenbericht Frans Busschers in: Pabst, Martin (2000): Und ihr wollt nichts gehört noch gesehen haben?! Die Chronik des Arbeitserziehungslagers Zöschen vom Juli 1944 bis zum April 1945. Dokumente und Augenzeugenberichte. Halle/Saale: Verlag Doris Mandel, S. 73.

ging dort alles durcheinander. Kommandant Winter und Scharführer Reuter stiegen, ganz in Zivil, in ein Auto und türmten. [...] Als auch wir das Lager verlassen wollten, sagte ein Wachposten: ,Hast du 'ne Genehmigung, dich dünne zu machen? Ohne Schein läuft nichts!' Als wir daraufhin in das Lager hineinliefen, beobachteten wir, dass die Wachtürme alle besetzt waren von Männern mit MGs. In einem Block standen die Häftlinge beieinander und auf dem Appellplatz die russischen Wachmänner, umringt von den deutschen. Bei der Schreibstube waren Wachmänner und Häftlinge fieberhaft damit beschäftigt, Papiere zu verbrennen.[48]

Zwei Tage bevor die Amerikaner in Zöschen eintrafen, zogen die Ukrainer, die SS-Leute und die Häftlinge Richtung Leipzig ab. Einige der Häftlinge, die nicht laufen konnten, blieben im Lager zurück. Andere wurden, weil sie restlos erschöpft waren, am Wegesrand liegen gelassen.[49]

Das Geschützfeuer kam näher und näher. So gegen 16:00 Uhr oder 17:00 Uhr waren wir alle wieder im Bunker. Dort kamen zwei deutsche Soldaten vorbei, die um Zivilkleidung bettelten. (...) Am nächsten Morgen, ganz in der Frühe, (...) sahen wir den ersten amerikanischen Soldaten. Er sprach ein bisschen Deutsch und sagt zu mir: ,Du bist ein deutscher Soldat in Zivil!' Ich wiederum habe mit ihm Englisch zu reden angefangen und ihm erklärt, was uns in den vergangenen Monaten alles widerfahren war. [...] Kurz darauf vernahmen wir furchtbaren Lärm. Die ersten Panzer donnerten auf die Hauptstraße. Einige bogen links ab, zum Marktplatz, andere fuhren Richtung Leipzig weiter. [...]

---

[48] Augenzeugenbericht Frans Busschers in: Pabst, Martin (2000): Und ihr wollt nichts gehört noch gesehen haben?! Die Chronik des Arbeitserziehungslagers Zöschen vom Juli 1944 bis zum April 1945. Dokumente und Augenzeugenberichte. Halle/Saale: Verlag Doris Mandel, S. 87.

[49] Augenzeugenbericht Otto Hofmanns in: Pabst, Martin (2000): Und ihr wollt nichts gehört noch gesehen haben?! Die Chronik des Arbeitserziehungslagers Zöschen vom Juli 1944 bis zum April 1945. Dokumente und Augenzeugenberichte. Halle/Saale: Verlag Doris Mandel, S. 86.

[Wir hörten], dass die Amerikaner die Krankenbaracke bereits mit Essen versorgt hätten [...]. Fotografiert hatten sie auch alles und überall. [...] Bei der Vorderseite unserer Baracke, an der Leipziger Straße, sah ich eine Anzahl ehemaliger Häftlinge und in ihrer Mitte einen Wachtmeister in Zivil. Der Wachtmeister hatte Pech gehabt, denn zwei unserer Kameraden hatten gesehen, wie er mit einem Haufen Diebesgut mit Pferd und Wagen das Lager verließ. Nun wurde er von unseren Leuten mit Stockschlägen traktiert. Keiner von uns protestierte oder zeigte Mitleid. Wir waren so abgestumpft. [...] Am Mittag, als wir gerade dabei waren, im Marmeladeneimer Kartoffeln zu kochen, kamen erneut zwei US-amerikanische Soldaten in unsere Baracke. Kor Kuiper wurde fotografiert und gewogen – er brachte etwas mehr als 60 Pfund auf die Waage. [...] Als die Soldaten die Baracke wieder verlassen wollten, bemerkten sie den Marmeladeneimer mit den Kartoffeln und eine Fleischbüchse. Einer der Soldaten nahm den Eimer vom Ofen und kippte alles auf dem Hinterhof aus. Wir guckten entsetzt. Dann gab uns der Soldat [...] CONDENSATED CRAFT FOOD und von diesem Moment an spürten wir keinen Hunger mehr. Wir wurden von den Amerikanern bestens versorgt. [...] Am Abend kamen zwei MPs, die [...] mich zur Militärverwaltung mitnahmen. Arie Megdam kam auch mit. [...] Der Kommandant wollte alles hören, was wir im Lager gesehen und erlebt hatten. Als das Gespräch zu Ende war, fragte der Kommandant den Bürgermeister: ‚Hast du als Bürgermeister [...] das nicht verhindern können?' Da antwortete der Bürgermeister: ‚Ich hatte keine Ahnung, was in dem Lager vorging, und von den vielen Toten höre ich jetzt zum ersten Mal.' Da plötzlich sprang Arie [...] auf den Bürgermeister los und schlug ihn. ‚Verdammter Lügner!', schrie Arie, ‚drei- oder viermal die Woche ist der Wagen mit den Leichen an deiner Tür vorbeigekommen, und das fast sieben Monate lang, und du willst nichts gehört und gesehen haben?!'[50]

---

[50] Augenzeugenbericht Frans Busschers in: Pabst, Martin (2000): Und ihr wollt nichts

1947 und 1948 verurteilte ein Sondergericht in Amsterdam ehemalige niederländische Vorarbeiter (Hilfsaufseher) sowie deutsche Wachposten des Arbeitserziehungslagers Zöschen. Insgesamt kamen im Arbeitserziehungslager in nicht einmal einem Jahr 517 Menschen ums Leben.

Heute findet jährlich an der Kriegsgräberstätte in der Aue eine Gedenkfeier für die Opfer des Arbeitserziehungslagers statt, an welcher neben den Einheimischen auch ehemalige Inhaftierte sowie Familienangehörige der Häftlinge teilnehmen und mit ihrem Erinnern und Gedenken eine friedvolle Zukunft für Europa und die Welt anstreben.

---

gehört noch gesehen haben?! Die Chronik des Arbeitserziehungslagers Zöschen vom Juli 1944 bis zum April 1945. Dokumente und Augenzeugenberichte. Halle/Saale: Verlag Doris Mandel, S. 87–88, 89, 90.

Abbildung 11 - Arbeitslager Zöschen

Abbildung 12 - Zwei Häftlinge in einer Lagerbaracke

**Abbildung 13** - Kriegsgräberstätte und Mahnmal in der Aue nördlich von Zöschen

# DER NATUR AUF DER SPUR

W as wäre ein kultureller Städte- ... ähm ... Dorftrip, ohne
Ausflug in die umliegende Landschaft mit blauen Seen,
saftig grünen Wiesen und ruhigen Wäldchen. Möglich-
keiten dazu bieten sich in Zöschen zur Genüge. Sie müssen sich
nur noch entscheiden, wie Sie sich am liebsten fortbewegen wollen:
zu Fuß oder doch eher per Drahtesel?

## WIR SIND DANN MAL WEG

Man mag es vielleicht nicht glauben, aber der berühmte Jakobsweg, den neben Hape Kerkeling jährlich einige mehr oder
minder populäre Persönlichkeiten und tausende Normalos pilgern,
besteht eigentlich aus vielen verschiedenen Jakobswegen in Spani-
en, Frankreich, Portugal, der Schweiz und eben auch in Deutschland. Tatsächlich zieht sich ein ganzes Netz aus Jakobswegen quer
durch die Bundesrepublik – und ein Fädchen dieses Netzes führt
auch durch Zöschen. Es ist der Ökumenische Pilgerweg entlang
der alten Handelsstraße Via Regia von Görlitz über Bautzen,
Leipzig, Merseburg und Erfurt bis nach Vacha an der thüringisch-
hessischen Grenze.

Zöschen liegt so ziemlich in der Mitte dieser historischen Ost-
West-Verbindung. Schnüren Sie also einfach Ihren Wanderruck-
sack, überqueren Sie Richtung Norden beide Luppenbrücken, wer-
fen Sie an der Feldwegskreuzung in der Aue eine Münze und lassen Sie sich überraschen, in welche Richtung es Sie verschlägt.

Richtung Osten gelangen Sie über die Nachbarorte Zweimen,
Dölkau und Horburg bis nach Leipzig. Hier können Sie gleich zwei
Fliegen mit einer Klappe schlagen. Dieser Teil des Jakobsweges ist
nämlich zugleich Teil des Gose-Wanderwegs. Gose ist ein eigener,
sehr alter Biertyp, der mit obergäriger Hefe gebraut wird und eher
säuerlich schmeckt. Das ursprünglich aus der Gegend um Goslar
stammende Bier soll schon Kaiser Otto III. um das Jahr 1000 herum

geschmeckt haben. In die Leipziger Ecke kam die Gose wohl mit einem Brauereiknecht aus Goslar, der sich mit der Rezeptur in der Rittergutsbrauerei Döllnitz bewarb. Und nach 11 Kilometern können Sie auf halbem Weg nach Leipzig in der Domholzschänke selbst einmal dieses spezielle Bier probieren.

Der Weg Richtung Westen führt vorbei an zwei großen Baggerseen und schließlich in die alte Bistumsstadt Merseburg, in der Schloss und Dom hoch über der Saale thronen.

**Abbildung 14 - Raßnitzer See im Norden Zöschens, direkt am Jakobsweg**

# DER WEG DES „WEIßEN GOLDES"

Auch für Fahrradfreunde soll der Spaß nicht zu kurz kommen. Satteln Sie Ihren Drahtesel und machen Sie sich auf die Spur des „Weißen Goldes": Salz. Einst eine unbezahlbare Kostbarkeit, war Salz im Altertum und Mittelalter meist nur den Reichen vorbehalten. Selbst das Wort „Salär", das wir noch heute als Synonym für „Gehalt" kennen, stammt vom Wort „Salz" ab – genau genommen von der in manchen Gegenden üblichen Sitte, den Lohn für Beamte und Soldaten in Form von Salz auszuzahlen[51].

Von den Salinen in Halle (Saale) erstreckten sich sogenannte Salzstraßen wie ein Netz in alle Himmelsrichtungen, auf denen das kostbare Gewürz in salzarme Regionen transportiert und dort verkauft wurde. So gab es u. a. die *Hohe Straße* über Erfurt nach Frankfurt am Main, die *Alte Salzstraße* nach Prag, an welcher auch Zöschen lag, und die *Salzkärnerstraße* nach Regensburg.

Der heutige existierende Radwanderweg „Salzstraße" stellt eine Art Gemisch aus der *Hohen Straße* und der *Alten Salzstraße* dar. Er beginnt nicht weit von Zöschen entfernt in Horburg und führt durch die Aue, an Zöschen vorbei, über Merseburg und Mücheln, am Naherholungsgebiet Geiseltalsee vorbei, weiter nach Nebra und zum Besucherzentrum *Arche Nebra* mit Ausstellungen zur Bronzezeit und zur berühmten Himmelsscheibe bis nach Allstedt. Knapp 140 Kilometer voller Natur, Kultur und Geschichte.

---

[51] Duden: s. v. Salär.

Abbildung 15 - Wanderweg in der Aue, nördlich von Zöschen, der sowohl Teil des Jakobs- und Gosewegs als auch der Salzstraße ist

# LOKALE BERÜHMTHEITEN

Man mag es kaum glauben, aber Zöschen hat im Laufe der Jahrhunderte nicht nur einige schillernde Persönlichkeiten wie Kronprinz Karl Johann von Schweden und Kaiser Wilhelm I. gesehen und sogar beherbergt, sondern auch selbst einige bemerkenswerte Männer hervorgebracht. Sie sind vielleicht keine Titanen der Geschichte, die den Lauf der Welt und das Schicksal ganzer Länder und Kontinente veränderten, aber ihre teils unglaublichen Geschichten sind es dennoch wert, aus den Schatten der Zeit gerissen und einmal ins Rampenlicht gestellt zu werden. Georg Dieck, Eduard Pechuël-Loesche und Theodor Pösche – diese drei Namen werden Sie so schnell nicht wieder vergessen, darauf gebe ich Ihnen mein Wort.

## DER WILDROSENKAVALIER

Er ist wohl der berühmteste Sohn unseres Ortes: Dr. Georg Dieck, seines Zeichens Botaniker, Naturwissenschaftler, Reisender – und mit einer Sammlung von über 450 Wildrosenarten der wohl am besten ausgestattete Rosenkavalier des Königreiches Preußen. Er stand in Kontakt mit einigen der namhaftesten Wissenschaftler seiner Zeit, war ein Jugendfreund des Philosophen Friedrich Nietzsche, sammelte seltene Gewächse aus allen Teilen der Erde und geriet dabei nicht selten in die Gesellschaft von Banditen und Briganten. Dieser Mann hatte keinen Garten, sondern ein 6000 Arten umfassendes „National-Arboretum", mitten in einem kleinen Dorf, irgendwo im nirgendwo. Mit anderen Worten: Ohne Zöschen wäre das Europarosarium Sangerhausen heute nur profanes Ackerland.

Aber zäumen wir das Pferd nicht von hinten auf, denn auch Georg Dieck wurde nicht als fertiger Forscher geboren – obwohl er sich schon sehr früh zu einem Leben im Dienste der Naturwissenschaft entschied. Friedrich Emil Georg kam vor genau 170 Jahren am 28.04.1847 als letztes von sechs Geschwistern auf die Welt. Sein

Großvater, Johann Friedrich Lorenz Dieck, hatte das Zöschener Rittergut 1819 von der Familie von Brandenstein erworben, doch erst sein Enkel sollte ihm internationalen Glanz verleihen.

Während seiner Schulzeit auf dem Naumburger Domgymnasium lernte Georg den aus der Nähe von Lützen stammenden Pfarrerssohn Friedrich kennen, der schon in der Schulpause gern Gedichte und Kompositionen in sein Heft kritzelte und schließlich 1882 Gott für tot erklärte – allerdings weniger triumphal, sondern eher schweren Herzens:

> „Wohin ist Gott?" rief er, „ich will es euch sagen! Wir haben ihn getötet – ihr und ich! Wir alle sind seine Mörder! Aber wie haben wir dies gemacht? Wie vermochten wir das Meer auszutrinken? Wer gab uns den Schwamm, um den ganzen Horizont wegzuwischen? Was taten wir, als wir diese Erde von ihrer Sonne losketteten? Wohin bewegt sie sich nun? Wohin bewegen wir uns? Fort von allen Sonnen? Stürzen wir nicht fortwährend? Und rückwärts, seitwärts, vorwärts, nach allen Seiten? Gibt es noch ein Oben und ein Unten? Irren wir nicht wie durch ein unendliches Nichts? Haucht uns nicht der leere Raum an? Ist es nicht kälter geworden? Kommt nicht immerfort die Nacht und mehr Nacht? [...] Gott ist tot! Gott bleibt tot! Und wir haben ihn getötet! Wie trösten wir uns, die Mörder aller Mörder?[52]

Man verzeihe mir diesen kurzen Exkurs in die Philosophie, aber ist es nicht erstaunlich, wie genau und zielsicher Nietzsches Worte auf unsere heutige Gegenwart zutreffen? Und auch wenn ich natürlich hoffe, dass ich jeden Leser mit diesem Buch so sehr fessele, dass er es nicht aus der Hand legen kann, sei allen an dieser Stelle eine kleine Philosophierminute gegönnt ...

Aber wenden wir uns nun wieder von Nietzsche weg – der ohnehin bald auf das Internatsgymnasium Schulpforte verschwand – und wieder Georg Dieck zu. Dem jungen Dieck lag weniger am

---

[52] Nietzsche, Friedrich (2012): Die fröhliche Wissenschaft. Altenmünster: Jazzybee Verlag, S. 125.

stillen Philosophieren als am aktiven Forschen, sodass er im Alter von 20 Jahren auf seine erste naturwissenschaftliche Reise in den Mittelmeerraum aufbrach und neben Eindrücken von Land und Leuten auch eine umfangreiche Käfersammlung mit nach Hause brachte – ein etwas anderes Urlaubsandenken.

Der Deutsch-Französische Krieg 1870/71 unterbrach für kurze Zeit Diecks akademische Karriere, doch wurde er schon bald nach einem Sturz als dienstuntauglich aus dem Regiment entlassen. Anschließend studierte er in Jena und Leipzig Zoologie und Botanik und bereitete sich auf eine Laufbahn als Professor vor. Eine Kehlkopferkrankung machte es Dieck jedoch unmöglich, Vorlesungen zu halten, sodass er in seinen Heimatort Zöschen zurückkehrte und bald darauf eine Baumschule gründete, welche zu ihren Hochzeiten eine unglaubliche Fläche von 80.000 m² umfasste. Niemand vor ihm hatte jemals eine private dendrologische Sammlung dieses Ausmaßes mit ca. 6000 unterschiedlichen Pflanzenarten realisiert.

Einige Gehölze bekam Dieck von befreundeten Wissenschaftlern geschenkt, andere suchten speziell von ihm engagierte Sammler in den entlegensten Winkeln der Erde zusammen – und verhökerten sie nicht selten illegal an den Meistbietenden, anstatt sie nach Zöschen zu schicken. Doch auch Dieck selbst war alles andere als ein Stubenhocker, was ihn Zeit seines Lebens in die eine oder andere gefährliche Situation brachte. So stürzte er in Siebenbürgen einen Bergabhang hinab, wurde mehrmals als Spion verhaftet und erkrankte auf Reisen oft schwer. Doch wie schrieb er so schön in einem seiner Berichte:

> Selbst ist der Mann! Selbst sehen, in der Natur an Ort und Stelle beobachten, erwägen und beschließen, statt in der Studierstube an vertrockneten Pflanzenleichen oder aufgrund von Berichten Anderer sich eine Ansicht aufzubau-

en, das ist das einzig Wahre und Praktische. Das Ideal der Naturforschung.[53]

Und so reiste er persönlich nach Italien, Spanien, Rumänien und in die Länder des Kaukasus' und des Balkans. In Kastilien wollte Dieck 1892 die bis dato unerforschte Gebirgsregion Serranía de Cuenca durchkämmen. Die lokale Bevölkerung warnte ihn vor dem in den Bergen hausenden Banditen und 16-fachen Mörder Antonio de Torriz. Dieck, ganz der Jule-Verne'sche Abenteurer, winkte jedoch nur lächelnd ab. Er hatte in Italien und dem Orient schon so viele zwielichtige Gestalten kennengelernt, dass er sich sogar darauf freute, einmal deren spanisches Pendant zu treffen. Und diese Begegnung ließ auch nicht allzu lange auf sich warten.

Während einer Bergwanderung stießen Dieck und seine Begleiter auf der Suche nach einem Nachtquartier auf eine Hütte, in welcher Torriz ebenfalls eingekehrt war. Ohne zu zögern, stellte sich Dieck Torriz formvollendet vor und wurde mit einer Einladung zum Essen belohnt. Im Schein des Feuers erzählte Torriz dem gespannt lauschenden Dieck Geschichten aus seinem Leben und bot ihm schließlich sogar an, ihn persönlich durch die Serranía zu führen. Dieck nahm begeistert an – dieser Mann hätte sich wahrscheinlich auch ohne mit der Wimper zu zucken von Al Capone durch Chicago chauffieren lassen, um anschließend mit Bonnie und Clyde Kaffee zu trinken.

Während Diecks Pflanzen- und Gehölzsammlung international immer größere Aufmerksamkeit erregte und Dieck auf das Erscheinen seines Bestandskataloges hin mit Fanbriefen geachteter Professoren und Wissenschaftler überflutet wurde – „Ihr Catalog ist kein Catalog, sondern ein – Ereignis!"[54] – schrumpfte sein

---

[53] Mantzsch, Jörg (2005): Georg Dieck – Botaniker aus Zöschen. Versuch einer Annäherung. Ohne Verlag, S. 32.

[54] Dr. Carl August Bolle in einem Privatbrief an Georg Dieck, wiedergegeben von Dieck selbst im Vorwort zur zweiten Auflage seines Buchs „Moor- und Alpenpflanzen und ihre Cultur im National-Arboretum und Alpengarten Zöschen bei Merseburg". Zitiert in: Mantz-

Portemonnaie immer mehr zusammen. Denn obwohl Preußen nichts dagegen hatte, einen berühmten Botaniker zu seinen Staatsbürgern zu zählen, weigerte es sich beharrlich, Dieck auch nur eine müde Mark Unterstützung zu zahlen. Selbst als Diecks Wildrosensammlung 1900 auf der Pariser Weltausstellung gezeigt wurde blieb der Geldhahn zugedreht. Diecks finanzielle Lage verschlechterte sich immer mehr, er konnte die Rosen aus Paris nicht zurück überführen und spendete sie dem französischen Rosarium L'Hay, von welchem aus sie schließlich wenig später nach Sangerhausen gelangten.

Diecks Ehe war bereits knapp 8 Jahre zuvor an seinen Geldsorgen und seinen zeitaufwendigen Forschungen zerbrochen. Das National-Arboretum begann zu schrumpfen und Diecks Lebenswerk schien vor seinen Augen den Bach hinunterzugehen. Geld musste her – am besten sofort. Doch woher nehmen und nicht stehlen?

Was der britische Adel konnte, um mithilfe amerikanischer Millionärstöchter seine maroden Besitztümer zu retten, konnte Dieck schon lange: Eine vorteilhafte Verbindung war die Lösung. 1904 lernte er auf einer Reise in Messina die vermögende Dresdnerin Valerie Jordan kennen. Spätestens nachdem er mit der 27 Jahre jüngeren Valerie nach Karthago übergesetzt war und beide gemeinsam ihre Zeit damit verbracht hatten, in der alten Ruinenstadt seltene Käfer zu beobachten, wurde Dieck klar: Das ist die Richtige – für meinen Sohn. Der war von der Idee seines Vaters allerdings weniger begeistert und lehnte eine Verbindung mit der insektenbegeisterten hübschen Valerie kategorisch ab. Die Gesellschaft staunte nicht schlecht, als Dieck sich daraufhin kurzerhand selbst als Bräutigam anbot – und angenommen wurde. Der mittlerweile 57-Jährige erlebte seinen zweiten Frühling und stürzte sich erneut

---

sch, Jörg (2005): Georg Dieck – Botaniker aus Zöschen. Versuch einer Annäherung. Ohne Verlag, S. 55.

in seine Forschung, auch wenn er um weitere Verkäufe einzelner Bestände und Güter nicht herumkam.

Während des Ersten Weltkrieges mangelte es an Arbeitskräften, sodass Diecks botanische Anlagen nicht mehr ausreichend gepflegt werden konnten, doch auch das hielt den Pflanzenenthusiasten nicht auf. Noch 1914 legte er eine Farnkräutersammlung mit 400 verschiedenen Arten an.

Georg Dieck starb im Oktober 1925 im Alter von 78 Jahren in seiner Villa in Zöschen. Seine Ehefrau Valerie führte zusammen mit dem gemeinsamen Sohn Ludwig die Baumschule weiter, wurde jedoch aufgrund ihrer ablehnenden Haltung gegenüber den Nationalsozialisten als Volksfeindin gebrandmarkt. Die Enteignungswelle, die nach Kriegsende den sowjetische Sektor überspülte, machte auch vor dem Dieck'schen Anwesen nicht halt. Zwar wurde Ludwig Dieck anfangs vom Landrat versichert, dass er sich als Antifaschist keine Gedanken machen müsste, doch musste er nichtsdestotrotz 1946 in einer Nacht-und-Nebel-Aktion vor einer drohenden Verhaftung in den Westen flüchten. Georg Diecks Lebenswerk verfiel über die Jahrzehnte immer weiter, bis von dem einstigen National-Arboretum nur noch ein Dorfpark geblieben ist, in dem man allerdings heute noch seine Picknickdecke unter exotischen Bäumen ausbreiten und von abgelegenen Gebirgshöhen in Italien und Spanien oder von den Weiten des Balkans träumen kann.

**Der Tomatenverfechter** – Wussten Sie, dass Georg Dieck ein Vorkämpfer unseres liebsten roten Gemüses war? Zwar hat er die Essbarkeit der Tomate nicht entdeckt, wie es in einer Anekdote heißt, doch nahm er für sie eine gerichtliche Verurteilung in Kauf. Die Tomate an sich stammt aus Südamerika und kam wohl mit Kolumbus über den großen Teich. Schon vor dem Dreißigjährigen Krieg baute der Torgauer Joachim Kreich Tomaten in seinem botanischen Garten an, allerdings als Zierpflanze. Auch im 17. und 18. Jahrhundert wurde die Tomate eher als Gartenverschönerung angesehen und teilweise in der Medizin verwendet. Nur die Italiener wussten damals schon Spaghetti mit Tomatensoße zu schätzen. Schließlich hatte die Tomate 1873 auf der Weltausstellung in Wien ihren großen Auftritt und trat um 1900 ihren Siegeszug in der deutschen Küche an. Was Georg Dieck einige Jahre zuvor nicht davor bewahrte, fast ins Gefängnis zu wandern, weil er den Leuten ein „giftiges" Nachtschattengewächs zum Verzehr angeboten hatte.

**Der Reblausbekämpfer** – Und haben Sie geahnt, dass Georg Dieck von 1890–1895 während einer Reblausplage offizieller Staatlicher Reblauskommissar der Provinz Sachsen war? Titel gibt's …

**Das Beste kommt zum Schluss** – In den letzten Jahren seines Lebens saß Georg Dieck oft auf der Wiese vor seiner Villa, auf jeder Seite einen Pfau neben sich. Ab sofort ist das mein Plan für die Rente.

**Abbildung 16 - Dr. Georg Dieck**

Abbildung 17 - Villa der Familie Dieck heute

Abbildung 18 - Ansicht des heutigen Dorfparks

# DAS WANDERN IST DES MÜLLERS LUST

Das Wandern ist des Müllers Lust,
das Wandern.
Das muss ein schlechter Müller sein,
dem niemals fiel das Wandern ein,
das Wandern.

O Wandern, Wandern meine Lust,
o Wandern!
Herr Meister und Frau Meisterin,
lasst mich in Frieden weiter zieh'n
und wandern.[55]

Eduard Pechuël-Loesche war sehr vieles, aber ein guter Müller...? Das darf berechtigterweise bezweifelt werden, da er das Müllerhandwerk trotz seiner Familiengeschichte nie erlernte. Allerdings hatte er von Kind an das Fernwehvirus im Blut, sodass Müllermeister Ferdinand Pechuël und seiner Frau Wilhelmine Loesche nichts anderes übrig blieb, als ihren ältesten Sohn in die Ferne ziehen zu lassen. Aber wir wollen nicht vorgreifen, schließlich konnte Klein-Eduard nicht von Anfang an durch die Welt wandern, sondern musste in der Zöschner Mühle erst einmal krabbeln lernen.

Zöschen besaß zur damaligen Zeit nicht nur die noch immer an ihrem angestammten Platz stehende Bockwindmühle, sondern auch eine Wassermühle an der Luppe, welche ursprünglich der Gutsbesitzerfamilie von Brandenstein gehörte, später jedoch privat verkauft wurde. Wie der Name schon besagt, wurde das Mahlwerk durch ein Wasserrad in der Luppe angetrieben. Um sicherzustellen, dass der Wasserstrom genug Druck besaß, wurde der Fluss an dieser Stelle verengt, was in Hochwasserzeiten wiederum zu einigen Problemen führte. Als Abfließmöglichkeit wurde daher der zweite Luppenarm angelegt – und ich habe mich als Kind immer

---

[55] Altes deutsches Volkslied, Strophe 1 und 5.

gefragt, warum wir Richtung Aue gleich zwei Luppenbrücken hintereinander haben ... Fast wie in Venedig.

Später wurde als Ausweich für Niedrigwasserzeiten noch ein Dieselmotor installiert.

Trotz ihrer idyllischen Lage am Wasser brannte die Mühle im Laufe der Jahrhunderte bis hinein ins 20. Jahrhundert mehrmals ab. Schwarzhumorige Geister würden dies Ironie des Schicksals nennen.

1908 ging die Mühle schließlich an den Rat der Stadt Leipzig über. Die bisherigen Mühlenbesitzer, die Geschwister Bachmann, hatten sich durch rückgängige Geschäfte – und laut Chronik des Pfarrers Friedrich Heinicke durch einen nicht gerade tadellos abstinenzlerischen Lebenswandel – so verschuldet, dass ihr gesamtes Hab und Gut unter den Hammer kam. Leipzig verpachtete die Mühle, behielt aber die Oberhand. Als die Mühle 1926 erneut abbrannte, wurde aufgrund der Besitzverhältnisse auch die Leipziger Feuerwehr zum Löschen ausgesandt ... und traf wohl eher am Brandherd ein als die Zöschener Kollegen. Was wiederum dazu führte, dass Klein-Paris ein paar Groschen springen ließ und die Zöschener Feuerwehr aufrüstete – das aber nur als Anekdote am Rande.

Nun aber zurück zum Hauptakteur dieses Kapitels: Eduard Pechuël-Loesche, welcher als kleiner Junge in den 1840er Jahren über das Mühlengelände tippelte und am liebsten selbstgebastelte Boote auf der hinter dem Haus rauschenden Luppe schwimmen ließ. Schon bald reichte ihm das aber nicht mehr aus. Stattdessen heuerte er als Matrose an und bereiste die sieben Weltmeere.

Schon als Knirps hatte Pechuël-Loesche Stunden damit verbracht, die heimische Flora und Fauna zu untersuchen und zu betrachten. Da war es nur eine Frage der Zeit, bis es ihn nach all seinen Schiffsreisen an die Universität zog: Er studierte Naturgeschichte und Geographie in Leipzig, promovierte, habilitierte schließlich in Jena und lehrte – als er seine wilden Jahre hinter sich hatte – von 1886 bis 1895 als Professor an der Universität Jena sowie von 1895 bis 1913 an der Universität Erlangen. Doch bevor er seine letzten Jahre in Universitätsbibliotheken und Vorlesungssälen verbrachte, unternahm er unzählige Reisen, die durchaus als Abenteuer bezeichnet werden können. Die zwei berühmtesten sind wohl seine Teilnahme an der Loango-Expedition (1874–1876) und seine Forschungsmission im Kongo (1882–1883), bei welcher er auch die – relativ unliebsame – Bekanntschaft des berühmten britischen Afrikaforschers Henry Morton Stanley machte.

Die *Deutsche Gesellschaft zur Erforschung Aequatorial-Africas* sandte 1873 eine Expedition unter Leitung des Berliner Geographen Dr. Paul Güßfeldt nach Westafrika, um die sogenannte Loango-Küste zu erforschen. Loango? Sie finden, das klingt ein wenig wie aus einem Roman von Karl May? Ja, das fand ich auch. Ich bin bei weitem keine geographische Niete, aber weder in der Schule noch auf der Weltkarte bin ich jemals über ein Land dieses Namens gestolpert. Aber es wäre schließlich keine Schatzsuche, wenn man nicht ab und zu tief graben müsste. Und Folgendes kam bei meiner Buddelei zum Vorschein:

Das afrikanische Königreich Loango existierte vom 14. bis zum 19. Jahrhundert. Seine Blütezeit lag im 17. Jahrhundert, als es sich vom heutigen Angola im Norden bis zur Mündung des Kongo-Flusses im Süden erstreckte. Anders als man vielleicht aufgrund des vergessenen Namens vermuten mag, war Loango zu Zeiten Pechuël-Loesches ein bekanntes, relativ gut erforschtes Land. Seine erste Nennung im Jahr 1561 geht auf den portugiesischen Priester Sebastião de Souto zurück, welcher das Gebiet christianisieren sollte. Ihm folgten im 17. Jahrhundert britische und niederländische Forscher. Loango wurde zu einem wichtigen Exporteur von Kupfer für den europäischen Markt, fiel jedoch im Zuge der Berliner Konferenz (1884–1885) – die vielen wahrscheinlich besser bekannt ist unter dem Namen „Kongokonferenz" und bei welcher die Aufteilung Afrikas in Kolonien beschlossen wurde – unter französische Herrschaft.

Eduard Pechuël-Loesche stieß 1874 zur Loango-Expedition hinzu und führte neben meteorologischen Beobachtungen auch Forschungen zur bis dahin völlig unbekannten Sprache Fiote durch. In seinem Buch *Die Loango-Expedition* beschreibt er die Geographie, Flora und Fauna des westafrikanischen Gebietes:

> Seit Monaten hat es nicht geregnet. Verödet ruht die Savane [sic]. Die Luft ist voller Dünste, die, Morgens und Abends [sic] bleifarben, um die Mitte des Tages manchmal bronzefarbig, den Horizont einengen, Formen und Farben der Landschaft verschleiern. Drückend nahe gerückt wie ein Gewölbe erscheint der Himmel nicht blau, sondern weißlich überzogen und allenthalben opalisierend [...].
>
> [...]
>
> Die große Regenzeit geht zu Ende. [...] Zu keiner Zeit erscheint die Savane [sic] schöner als während dieser Periode der heitersten Herbststimmung. Noch ist sie voller Leben. [...] Wenn das Tagesgestirn zur Rüste geht, breitet es sich wie ein feiner Schleier über die Savane [sic] aus; es ist nicht Dunst, nicht Nebel, sondern ein unbeschreibliches Etwas, als würde die Luft dichter, ein wenig undurchsichtiger. Und wie die Sonne untersinkt, wird dieser duftige Schleier zur wundervollen Farbe. Am Westhimmel fluthen [sic] mächtige Lichtwellen herauf, purpur- und zinnoberroth [sic], am Horizont warm bräunlich abgetönt; sie fluthen [sic] auch über die Landschaft hin und lassen sie in einer unwahren Beleuchtung erstrahlen, als würde sie durch ein buntes Glas betrachtet.[56]

Ende der 1870er Jahre verpflichtete die belgische *Internationale Organisation zur Erforschung und Zivilisierung Zentralafrikas* Henry Morton Stanley zu einer Forschungsreise in den Kongo – und zwar nur aufgrund wissenschaftlicher und philanthropischer Bestrebungen. Nun, wer's glaubt ...

---

[56] Pechuël-Loesche, Eduard (1888): Die Loango-Expedition, Teil III. Ohne Verlag, S. 305, 307–309.

Stanley hatte dem belgischen König nämlich derart eindringlich von Elfenbein und anderen Schätzen vorgeschwärmt, dass sich dieser schon in Reichtümern baden sah. Allerdings verlief die Expedition anders als erhofft: Stanley konnte als Fährtenleser zwar gute Referenzen vorweisen –, schließlich hatte er 1871 David Livingston im Dschungel wiedergefunden – doch nun versagte seine Spürnase und der nach Jahren noch immer schatzlose Leopold II. beauftragte Pechuël-Loesche mit der Erforschung der Kongo-Südküste und der Suche nach Mineralschätzen, geeignet für eine sofortige, nicht kostspielige Ausbeute (... so viel zur Philanthropie).

Doch wie das nun einmal so ist: Pechuël-Loesche hatte Stanley sozusagen die Schaufel aus dem Sandkasten geklaut und der Brite ließ ihn dafür büßen. Er verweigerte jegliche Unterstützung vor Ort, warb Pechuël-Loesches Leute ab und legte ihm, wo es nur ging, Steine in den Weg. Zwar versuchte Pechuël-Loesche weiterhin, seinen Auftrag auszuführen, doch als er sich schließlich mit einer kleinen Truppe bis nach Leopoldville (heute Kinshasa) durchgeschlagen hatte und dort den einzig verfügbaren Dampfer von Stanley unbrauchbar gemacht vorfand, gab er auf. Er kehrte 1883 nach Brüssel zurück, wo ihm der belgische König im übertragenden Sinn die Tür vor der Nase zuknallte – in Wahrheit hatte Leopold seine Tür gar nicht erst geöffnet.

Bemerkenswert ist, dass Pechuël-Loesche im Gegensatz zu anderen Afrikaforschern und Kolonisten seiner Zeit die Willkür der Weißen in Afrika in seinem Buch *Kongoland* öffentlich anprangerte und über die Einheimischen schrieb, sie „sind doch auch Menschen und als solche zu behandeln, und nicht wie Wildpret, darauf zu schießen, oder wie ein Haufen Bestien"[57].

Nehmen wir uns diese Worte zu Herzen, denn selbst über ein Jahrhundert später ist diese Erkenntnis noch nicht in allen Köpfen angekommen.

---

[57] Pechuël-Loesche, Eduard (1887): Kongoland. Ohne Verlag, S. 107.

Abbildung 19 - Eduard Pechuël-Loesche, 1882

Abbildung 20 - Eindruck der Loango-Expedition, gezeichnet von Eduard Pechuël-Loesche

# GO WEST

Drei Namen, drei Wandervögel – auch den im März 1825 in Zöschen geborenen Theodor Pösche hielt es nicht allzu lange in der Heimat. Auch wenn er in diesem Buch erst hinter Georg Dieck und Eduard Pechuël-Loesche seinen Auftritt bekommt, war Pösche eigentlich der Erste, den es aus Zöschen in die weite Welt hinaus verschlug.

Interessanterweise trieb ihr Entdeckerdrang unsere drei Berühmtheiten in unterschiedliche Himmelsrichtungen: Während Pechuël-Loesche vor allem in Afrika herumwanderte und Georg Dieck Europa und den Orient nach botanischen Besonderheiten durchkämmte, wählte Pösche die klassische Auswandererroute – nach Westen.

Der älteste Sohn unter den acht Kindern des Dorflehrers Johann Gottlob Pösche und dessen Frau Caroline Friederike Luise Pösche studierte Theologie an der Universität Halle (Saale) und engagierte sich stark politisch. Wie viele seiner Zeitgenossen trat er für Demokratie und eine Republik als Staatsform ein, wurde 1847 Mitbegründer des *Demokratischen Volksvereins* in Halle und schrieb regelmäßig für die *Hallesche Demokratische Zeitung*.

Nachdem der Wiener Kongress alle Hoffnungen auf ein geeintes Deutschland zunichte gemacht hatte, fing der 30 Jahre lang brodelnde Unmut in bestimmten Teilen der Bevölkerung nun langsam an hochzukochen. Die Märzrevolution fegte über Europa hinweg und Theodor Pösche war mittendrin.

Am 19. November 1848 kam es auf dem Marktplatz der Stadt Halle zu einer großen Demonstration. Die städtische Bürgerwehr forderte die Demonstranten auf, sich zu zerstreuen, was diese jedoch verweigerten. Handgreiflichkeiten und gewalttätige Auseinandersetzungen folgten, Menschen wurden verletzt und die Anführer der Demonstration verhaftet. Pösche konnte sich absetzen und tauchte in der Menschenmenge unter. Drei Tage später erschien im *Halleschen Courier* ein Steckbrief mit seinem Foto, doch da war Pösche schon auf dem Weg zu seinem Cousin in Gießen. Bis 1850 tauchte er dort unter und wurde in Abwesenheit in Halle zu 16 Jahren Festungshaft verurteilt.

Pösche kehrte Deutschland daraufhin den Rücken und machte sich auf den Weg über den großen Teich in die Vereinigten Staaten von Amerika, damals für viele Europäer die Vorzeigerepublik der Welt und ein Hort an Freiheit und Demokratie. Pösche engagierte sich auch in den USA weiterhin für eine Demokratiebewegung in Europa und trat der *American Revolutionary League for Europe* bei. Kurze Zeit später gründete er in St. Louis eine Privatschule und entwickelte quasi in seiner Freizeit zwischen Lehrtätigkeit und Politik das Modell eines Flugbootes, das bei seiner Präsentation 1853 unter den braven Bürger Missouris einiges Aufsehen erregte.

1856 erhielt Pösche die amerikanische Staatsbürgerschaft und zog mit seiner Frau und den vier Kindern nach Washington, D.C. Er machte sich bald einen Namen als Experte für Geografie und Statistik und als die USA 1867 Russland Alaska abkauften (eins der wohl schlechtesten Geschäfte, die Russland je gemacht hat, aber wer konnte auch ahnen, dass sich unter all der schneeverwehten Ödnis Erdöl im Milliardenwert versteckt), wurde Pösche bei der Vermessung und Kartierung des Gebiets als Übersetzer für deutsche Texte beschäftigt. Später lieferte er auch Karten für den *Stielerschen Atlas* des bekannten Geografen August Petermann aus Gotha. Auf Spitzbergen wurde sogar ein Berg nach Pösche benannt – obwohl anscheinend keiner den genauen Grund dafür kennt ...

Pösches zweites Steckenpferd war die Anthropologie – doch aus heutiger Sicht hätte er lieber bei Landschaften bleiben sollen. In seinem Buch *Die Arier*[58] vertritt er die Meinung, dass das Volk der Arier (eigentlich ein auf das indoiranische Wort *arya* zurückgehende Selbstbezeichnung für Sprecher indoiranischer Sprachen wie Persisch, Vedisch und Sanskrit – nehmen Sie sich ruhig Zeit, die

---

[58] Pösche, Theodor (1878): Die Arier. Ein Beitrag zur historischen Anthropologie. Jena: Costenoble.

Ironie auf sich wirken zu lassen) ursprünglich aus der heutigen Nordukraine stammt, weil er in dieser Region eine starke Neigung von Organismen zum Albinismus entdeckt haben wollte ... Mehr Worten bedarf es wohl nicht dazu.

Theodor Pösche starb schließlich im Dezember 1899 in Washington, D.C.

Dr. Theodor Poesche.

**Abbildung 21 - Dr. Theodor Pösche**

# FESTE FEIERN WIE SIE FALLEN

D ass bei und keine Langeweile aufkommt, verrät schon die Partymusik, die gefühlt jedes zweite Wochenende aus dem Gemeindehaus dröhnt. Doch wir haben auch alljährliche Belustigungen für Groß und Klein im Angebot – und das schon seit 200 Jahren. Sie sind herzlich eingeladen, mir auf unsere zwei großen gesellschaftlichen Ereignisse des Jahres zu folgen, sich den Bauch vollzuschlagen und die Sau herauszulassen – oder besser gesagt die Taube.

## BACKE, BACKE KUCHEN

Ist Pfingsten erst gefeiert, fängt in Zöschen der Spaß erst richtig an: Der Countdown läuft, wir zählen die Tage, Butter, Mehl und Eier sind beim örtlichen Rewe schon längst ausverkauft, die Bleche sind geschmiert und die Backöfen glühen … Denn traditionell zwei Wochen nach Pfingsten steht das größte Festwochenende des Ortes vor der Tür: das alljährliche *Kuchenessen*.

Immer, wenn ich Freunden gegenüber den Namen unseres Dorffestes erwähne, fangen sie entweder an zu lachen oder haben balkengroße Fragezeichen über dem Kopf schweben. Kuchenessen? Was ist das denn für ein Name für ein Volksfest?

Aber wie wir in einigen der vorangegangenen Kapitel – oder vielleicht auch in jedem, je nachdem wie man es sieht – festgestellt haben, ist in Zöschen eben manches anders. Während andere Oktoberfestbier trinken, geben wir uns einem überdimensionalen Kuchengelage hin – also zumindest ich weiß ganz genau, welchem Lebensmittel ich lieber fröne. Es soll dabei allerdings nicht unerwähnt bleiben, dass auch die Zöschener um 1600 mit einem Pfingstbierfest angefangen und sich sozusagen erst über die Jahre zum Kuchen vorgearbeitet haben.

111

Die Wurzeln unseres Schlemmerwochenendes finden sich im 18. Jahrhundert. Damals stand Zöschen sowie weite Gebiete um den Ort unter der Herrschaft derer von Brandenstein – aufmerksame Leser werden wissen, von wem ich spreche. Und eben dieser Familie, oder besser gesagt einer Begebenheit ihres Familienschicksals, ist es zu verdanken, dass Zöschen noch heute alljährlich zwei Wochen nach Pfingsten für ein Wochenende zum Schlaraffenland wird.

Die Sage geht, dass im 18. Jahrhundert eine Tochter der Familie Brandenstein schwer erkrankte. Wochenlang lag sie ans Bett gefesselt, sodass kaum noch Hoffnung auf Genesung bestand. Während dieser Zeit waren vom Gutsherrn alle Feiern – auch das Pfingstbierfest – verboten worden. Wer das Mädchen war, dessen Leiden uns schließlich unseren Festtag bescherte, ist nicht überliefert. Kandidatinnen gibt es genug: Johanna Juliane, Friederike Johanna, Johanna Caroline (nein, diese Namen sind kein Scherz; anscheinend herrschte zu Beginn des 18. Jahrhunderts eine gewisse Knappheit an Frauennamen), die wilde Maria Catharina, die sich gleich zwei uneheliche Kinder einhandelte, oder vielleicht doch die freiheitsliebende Marie Sophie Caroline, die mutig genug war, sich zur damaligen Zeit scheiden zu lassen und neu zu verheiraten. Stellen Sie sich einfach die Dame Ihrer Wahl als Heldin dieser Geschichte vor.

Eines zumindest wissen wir: Zwei Wochen nach Pfingsten hatte das Warten und Bangen ein Ende und die Tochter des Gutsherrn besiegte ihre Krankheit. Um dieses Wunder gebührend zu feiern, wurde von den Brandensteins ein Fest für das gesamte Dorf ausgerichtet, für das jede Familie im Ort mehrere selbstgebackene Kuchen beisteuerte, bis sich die Tischplatten bogen. Und weil's so schön war, ließ man es nicht bei einer einmaligen Begebenheit bewenden, sondern backt seitdem, dass die Bleche nur so klappern.

Für uns Zöschener – und die restlichen Auebewohner – ist das Kuchenessen natürlich ein Begriff, aber hätten Sie gedacht, dass es bereits Ende des 18. Jahrhunderts und im 19. Jahrhundert derart bekannt war, dass es in mehreren Büchern erwähnt wurde?

Schon 1791 wurde das Kuchenessen in der *Geographie für alle Stände*[59] beschrieben. Im Jahr 1824 schrieb August Schumann in seinem *Vollständigen Staats-, Post- und Zeitungslexikon von Sachsen* dann:

> In keiner andern Provinz Sachsens gibt es so viele alte Volksfeste [...]; so das Spillingsfest (oder Pflaumenfest) in Walterode, das Ablaßfest in Thamsbrück und Günstadt, das Fuhrmannsfest in Langensalza, das Kuchenessen in Zöschen, das Kirchfest in Naumburg, die Eselswiese in Querfurt und viele andere.[60]

Detaillierter ist das wilde Treiben beim Kuchenessen in Engelhardts und Merkels *Neuer Kinderfreund* von 1798 beschrieben: Zwei Wochen nach Pfingsten zog die Jugend des Dorfes ins Ellerholz oder Sauholz und suchte nach dem am geradesten gewachsenen Baum der Gegend. Danach „rammelte [man] auf dem schönen Dorfplatze eine hohe Pappel, oder einen andern schlanken Baum in die Erde, dessen Rinde abgeschält, und dessen Wipfel mit Lätzen, Krausen, Tüchern usw. behangen wird"[61]. Am Nachmittag wurde dann die hohe Herrschaft von den Dörflern mit Musik auf dem Gut abgeholt und in einem Zug, die Kapelle vornweg, ging es auf den Dorfplatz. Dort begann schließlich das Kräftemessen. Jeder junge Mann, der etwas auf sich hielt, versuchte, den glatten Stamm bis in die Baumkrone zu erklimmen und für sich – oder seine Liebste – eines der kleinen Geschenke zu ergattern. Es braucht nicht viel Fantasie, um sich vorzustellen, wie die Hälfte auf der Mitte des

---

[59] Fabri, Johann Ernst (1791): Geographie für alle Stände. Ersten Theils, dritter Band, welcher den Beschluß vom fränkischen Kreise und einige Abschnitte vom obersächsischen Kreise enthält. Leipzig: Schwickerscher Verlag, S. 683.

[60] Schumann, August (1824): Vollständiges Staats-, Post- und Zeitungslexikon von Sachsen. Elfter Band. Zwickau: Verlag der Gebrüder Schumann, S. 736.

[61] Engelhardt / Merkel (1798): Neuer Kinderfreund. VII. Bändchen. Leipzig: Ambrosius Barth, S. 452.

Weges wie eine faule Pflaume am Stamm klammerte und langsam hinunterrutschte, während es auf der Erde an guten Ratschlägen nicht mangelte. Eigentlich schade, dass wir diesen Brauch nicht mehr pflegen. Man stelle sich nur vor … Da braucht man kein Kino mehr.

Allerdings wurde schon im *Neuen Kinderfreund* ausdrücklich vorm Nachahmen gewarnt – vor allem, wenn man ein „junger Modeherr"[62] aus der Stadt war. Die taugten damals anscheinend eher als Fallobst.

Wenn die Baumkrone schließlich leer gepflückt war, begann der Bauernball mit einem ordentlichen Festgelage.

Am Sonntag gingen die jungen Männer des Dorfes „trillern", d. h. sie zogen mit Musik von Haus zu Haus und erbettelten Lebensmittel, die schließlich am Abend erneut von allen Dorfbewohnern und Gästen auf dem Festplatz verspeist wurden.

Und die Kuchen? Ja, die gab es natürlich auch, und zwar überall im Dorf. Damals war es nämlich Sitte, dass jede Familie einen oder mehrere Bleche backte und die unterschiedlichen Kreationen den Festbesuchern und Gästen im eigenen Haus anbot. Die schlenderten dann die Straße hinauf und hinunter und taten sich in jedem Hof gütlich. Dieser Brauch und auch das Baumklettern hielten sich bis zu Beginn des Zweiten Weltkrieges. Aus dieser Zeit stammt auch Emil Schurigs Beschreibung des Kuchenessens:

> Aus nah und fern strömten die Fremden herbei. Sie kommen aus Leipzig, Merseburg, aus den umliegenden Dörfern, selbst aus den Orten jenseits der Aue pilgern lange Züge von Erwachsenen und Kindern durch das lachende Frühlingsland, um den letzten Groschen an einem Glücksrad in Zöschen zu vertun.[63]

---

[62] Engelhardt / Merkel (1798): Neuer Kinderfreund. VII. Bändchen. Leipzig: Ambrosius Barth, S. 453.

[63] Schurig, Emil (1933): Das Heimatbuch für Merseburg Stadt und Land. Leipzig: Schrödel, S. 144.

Daher nennt man uns auch das Las Vegas der Aue. Nein, Spaß beiseite. Aber seien wir einmal ehrlich: Jedes Zöschener Kind hat beim Kuchenessen schon einmal seine letzte Mark oder seinen letzten Euro auf den Kopf gehauen. Und was wäre das Kuchenessen ohne die hypnotisierende Wirkung der Karussells, des Greiferautomaten, der Tombola … und natürlich der Kuchen. Ob es schon jemals jemand geschafft hat, sich durch alle Kuchen durchzukosten? Bei genauerer Überlegung ist das magentechnisch vielleicht nicht die weiseste Entscheidung, aber wer nicht wagt …

In diesem Sinne: Heraus mit den Gabeln und ran an den Speck – oder besser gesagt an die Erdbeersahne, den Mohn, den Quark, den Bienenstich …

**Abbildung 22 - Logo des Zöschener Heimatfests**

**Abbildung 23 - Festumzug entlang der Dorfstraße, 1925**

**Abbildung 24 - Die große Torte führt jeden Festumzug an**

## AUF DEN SCHWINGEN DES ERFOLGS

Das Taschengeld ist zwar schon fast aufgebraucht, aber welcher wahre Spieler denkt schon an den Bankrott, wenn ihm solche Preise winken. Also die letzten zwei Mark aus der Brusttasche gekramt und ran an die Lostrommel. Ein kritischer Blick: Welche der kleinen bunten Papierröllchen sehen am vielversprechendsten aus? Das gelbe dort in der Ecke oder doch lieber das blaue in der Mitte? Oder verstecken sich die größten Gewinne vielleicht ganz unten am Boden? Ach was, Augen zu und durch. Reingreifen, ziehen und dann mit Freunden ab in eine stille Ecke, um der Wahrheit ins Gesicht zu blicken. Ein Losröllchen nach dem anderen, ganz vorsichtig, damit ja nichts zerreißt. Insiderwissen verrät uns, dass Nummern, die mit einer 3 beginnen, einen Hauptgewinn bedeuteten: eine Taube, ein Huhn oder einen Wellensittich.

Mmh … wo sollte ich mit einem wie auch immer gearteten Vogel hin? Na ja, nicht die Pferde scheu machen, erst einmal die Lose einreichen und abwarten, ob tatsächlich gebimmelt wird. Also wieder ran an den Lostisch. Die Nummern auf den Zettelchen werden mit dem handgeschriebenen Katalog der Gewinne verglichen … ein Buch, ein Kissen mit Blumenmuster (das ich nebenbei bemerkt damals unbedingt gewinnen wollte, weil es so gut zu meiner Kinderzimmereinrichtung passte, und dass ich sogar immer noch besitze) und … *Ding, ding, ding! Ein Hauptgewinn!* … in Form eines Zwerghahns. Tja, und nun? Zum Glück hat man als Dorfkind mindestens einen Freund oder eine Freundin, deren Eltern, Großeltern, Onkel oder Tanten ein paar Tiere halten. Da fällt im Hühnergehege ein Federvieh mehr nicht weiter auf. An dieser Stelle ein großes Dankeschön an Familie Gutknecht dafür, dass sie meinem Huhn und Zwerghahn jahrelang Asyl gewährt haben!

Die Kenner unter Ihnen werden längst erraten haben, an welche Veranstaltung ich mich hier erinnere, neben dem Kuchenessen schließlich das zweite große Dorfereignis eines jeden Jahres: Die alljährliche Ausstellung des Rassegeflügelzüchtervereins in der Alten Turnhalle.

Im Februar 1922 kamen in der Gaststätte *Zur Grünen Aue* – die lustigerweise genau an der Stelle stand, wo ich zurzeit wohne und all das tippe – 17 Zöschener Kleintierenthusiasten zusammen, die in gemütlicher Runde bei einem Bier und einer Zigarette den Kleintierzuchtverein gründeten, der sowohl Rassegeflügel als auch Kaninchen und – Wer hätte das gedacht? – Ziegen umfasste.

Da die Zöschener in den 20er Jahren auf dem Gebiet der Kleintierzucht in der gesamten Aue die Nase vorn hatten, kratzten auch Züchter aus Günthersdorf, Dölkau, Zweimen, Göhren und Wallendorf die 5 Mark Aufnahmegebühr und 1 Mark Monatsbeitrag zusammen und traten dem neu gegründeten Verein bei. 1923 wurde schließlich die erste Ausstellung auf die Beine gestellt, die anschließend in einem Zweijahresturnus wiederholt wurde. Um seine Finanzen aufzubessern, richtete der Verein jedes Jahr ein Schützenfest und einen Tanz aus, bei denen wohl nicht nur preisverdächtige Kleintiere, sondern mit vorgerückter Stunde auch hübsche Damen und vielversprechende Herren genauer unter die Lupe genommen wurden.

Der Zweite Weltkrieg ging auch am Zöschener Kleintierzuchtverein nicht spurlos vorbei: Der Tausch und Verkauf von Tieren und Eiern waren in diesen schweren Jahren eine wichtige Versorgungsquelle. Wie überall kehrten auch hier nicht alle Mitglieder des Zuchtvereins aus dem Krieg zurück. Trotz dieser Verluste und der harten Nachkriegsjahre hielten die verbliebenen Züchter zusammen und brachten ihren Verein und ihre Tiere über die Runden. Um die Tiere zu versorgen, wurden unter anderem auf den abgeernteten Felder Ähren gelesen und selbst gedroschen, bis der Verein von der Gemeinde Land zugewiesen bekam, auf welchem einige Mitglieder kleine Gärten für die Zucht anlegen konnten. Schon 1947 hatte sich der Verein wieder weitgehend erholt und konnte in Neuanschaffungen und Erweiterungen investieren.

Wie heißt es so schön: Den Mutigen gehört die Welt. Ganz in diesem Sinne überredete der neue Vorsitzende Erich Kowalski die Vereinsmitglieder Ende der 50er Jahre, nicht mehr nur im eigenen Saft zu schmoren und auf Ortsschauen auszustellen, sondern sich auch auf Großschauen in Leipzig, Dresden und Berlin zu wagen. Bereits 1938 hatte Bäckermeister Bernhard Romanus seine Tauben warm eingepackt und war mit ihnen zur Weltausstellung nach St. Petersburg gereist. Nun wurden also erneut die Reisekäfige aus der Versenkung geholt … und reihenweise Preise abgesahnt. Allein in den 70er Jahren gingen 12 Siegertitel nach Zöschen.

Dem stetig wachsenden Verein, der 1979 sogar um eine Jugendgruppe für Nachwuchszüchter erweitert wurde, wurde 1980 das Gebäude der ehemaligen Kinderkrippe als Vereinsheim zur Verfügung gestellt, das die Mitglieder selbst in vielen Arbeitsstunden von Grund auf renovierten und umbauten. Dass Glück und Leid oftmals eng beieinander liegen, mussten die Züchter im gleichen Jahr erfahren, als sie durch ein Hochwasser einen Großteil ihrer Tiere verloren.

Im Zuge der großen Umschwünge im Jahr 1989 kam das Vereinsleben kurzzeitig zum Stocken, da sich die Mitglieder in der neuen Situation sowohl privat als auch im Verein erst einmal zurechtfinden mussten. Eine wahre Leidenschaft kann jedoch nichts auf Dauer ausbremsen, sodass der Verein bereits 1990 wieder in vollem Schwung war. Mitte der 90er Jahre fanden sogar zwei Landeswassergeflügelschauen in Zöschen statt, da unsere Züchter – der Luppe sei's gedankt – in ganz Sachsen-Anhalt als eine wahre Hochburg der Wassergeflügelzucht gelten. Zusammen mit ihren Tieren fliegen die Zöschener Rassegeflügelzüchter weiter auf Erfolgskurs: Seit der Wiedervereinigung errangen sie sieben Mal den Titel des Deutschen Meisters und fünf Europameistertitel.

Falls Sie also Lust bekommen haben, die fedrigen Prachtexemplare selbst einmal in Augenschein zu nehmen oder sich ein neues Lieblingshaustier an der Lostrommel zu angeln, sind Sie herzlich

eingeladen. Ich verrate Ihnen dann auch den diesjährigen Geheim-
tipp für die Hauptgewinne. Aber psst!

# VEREINE

Ein Dorf ohne Vereine ist „wie eine kalter Motor ohne Zündung, ein Zug ohne Verbindung, ein Grammo ohne Phon", wie Rudi Godden so schön textete.[64] Was könnte also besser passen, als von der jährlichen Geflügelausstellung des örtlichen Kleintierzuchtvereins auf die anderen Vereine überzuleiten, die Zöschen seit Jahr und Tag bevölkern?

## DER BALL IST RUND UND DAS SPIEL DAUERT
## NEUNZIG MINUTEN

Diese vielzitierte Weisheit des legendären Weltmeistertrainers Sepp Herberger traf nicht nur 1954 in Bern zu, sondern gilt seit 1912 auch in Zöschen. Zöschen ohne Fußballmannschaft ist kaum vorstellbar. Eine meiner frühesten Kindheitserinnerungen: Samstagnachmittag mit Mama auf den Platz, in der Halbzeit eine Brause und eine Bockwurst, an der hellblau gestrichenen Umzäunung herumturnen, wenn der Ball nur unaufregend hin und her geschoben wurde, und dann nach dem Abpfiff den Rasen stürmen und Papa in die Arme fallen. Ich würde wetten, dass viele im Dorf ein ähnliches Bild vor Augen haben, wenn sie an ihre erste Begegnung mit dem Runden und dem Eck denken – und das schon seit mittlerweile über 100 Jahren.

Was viele nicht wissen – viel länger wird Deutschlands beliebteste Sportart noch gar nicht in unserem Land betrieben. Was uns heute so normal und urdeutsch erscheint wie Kartoffelsalat mit Würstchen, galt in den 1870er Jahren noch als die „Englische Krankheit". Die meisten Sportvereine des Kaiserreiches verschlossen den Liebhabern der „Fußlümmelei" kategorisch ihre Türen. Doch der Siegeszug der Ballverrückten war nicht mehr aufzuhal-

---

[64] Im Lied *Ein Mädel wie du* von Rudi Godden, 1937, aus dem Spielfilm *Einmal werd' ich dir gefallen.*

ten, sodass schließlich im Januar 1900 der Deutsche Fußballbund gegründet wurde – und zwar in Leipzig! Man könnte also sagen, wir Zöschener leben im erweiterten Umkreis der Fußballwiege Deutschlands. Kein Wunder, dass sich auch hier bald einige Männer fanden, die in ihrer Freizeit gern rundes Leder durch die Gegend bolzten.

Auf die Initiative des Lehrvikars Heidelberg, der als Lehrer an der Zöschner Schule arbeitete (… und acht Jahre später in Rumänien verschollen ging, hat man von so was schon gehört?), wurde am 9. August 1912 der FV Zöschen gegründet. Nach ein paar Anlaufschwierigkeiten und einer Niederlage im ersten Spiel gegen den SV Merseburg 99 – kein Wunder, die Merseburger hatten ja auch 13 Jahre mehr Zeit zum Üben gehabt – konnten die Zöschener vier Wochen später ihren ersten Sieg gegen Preußen Merseburg verbuchen. Und das, obwohl – oder vielleicht gerade weil – auf dem provisorischen ersten Spielfeld im Gemeindeholz zwei große Eichen mitten auf dem Spielfeld standen und kunstvoll umdribbelt werden mussten.

Um endlich nicht mehr mit 13 „Mann" auf dem Platz zu stehen, wichen die Zöschener Fußballer auf die Teichwiese des Dölkauer Grafen von Hohenthal aus. Diese Idee hatte allerdings auch der rivalisierende Arbeitersportverein, mit dem es zu mehr als nur einer, im wahrsten Sinne des Wortes, handfesten Auseinandersetzung kam. Also weg von der Teichwiese und rauf aufs Stoppelfeld der Familie Tautz. Nun gab es weniger Prügeleien, aber in den 90 Spielminuten wurde wortwörtlich geackert.

Nach dieser Platzodyssee bot sich schließlich die Gelegenheit, ein der Kirche gehörendes Feld zu pachten (das noch heute unseren Sportplatz beherbergt). Die Pacht von 160 Mark pro Jahr wollte aber erst einmal zusammengekratzt sein – und das in den 20er Jahren, einer Zeit, die von Wirtschaftskrisen geprägt war. Doch wo ein Wille ist … ist eine Theaterbühne die Lösung. Die Zöschener Fußballer konnten nämlich nicht nur auf dem Rasen überzeugen, sondern legten auch auf den Brettern, die die Welt bedeuten, eine bewundernswerte Leistung hin und erspielten sich so genug Eintrittsgelder, um die Pacht zu zahlen.

Fußballzitatlegende Herberger meinte, dass es elf Freunde für einen Sieg braucht. In Zöschen brauchte es Brüder – nicht elf, sondern neun, aber immerhin. Bis in die 20er Jahre stellte die Familie Biermann allein mehr als 80 % der gesamten Mannschaft und hielt den Spielbetrieb sogar während des Ersten Weltkrieges fast durchgehend am Laufen. Kein Wunder, dass nach Lehrvikar Heidelbergs Weggang ins schicksalhafte Rumänien einer der Biermänner – und zwar Alfred – Erster Vorsitzender des Vereins wurde und es 18 Jahre lang blieb. Nachdem er sich geweigert hatte, in die NSdAP einzutreten, wurde er allerdings 1937 durch einen linientreueren Nachfolger ersetzt. Ja, die Politik machte auch vor dem Dorfsport nicht halt, sowohl vor als auch nach dem Zweiten Weltkrieg.

Diese zweite große Katastrophe des vergangenen Jahrhunderts riss eine wahre Schneise in den Zöschener Fußball: 28 Vereinsmitglieder fielen auf den Schlachtfeldern Europas. Nach dem Krieg nahm der Spielbetrieb nur schleppend wieder Fahrt auf: Materialien mussten beschafft werden und die Mannschaften erst einmal irgendwie zum Auswärtsspiel gelangen. Zu Fuß oder auf dem Fahrrad – wobei aufgrund akuten Drahteselmangels oft sogar zwei Leute auf einem Rad Platz finden mussten. Manche heutige Ballhelden mögen es vielleicht nicht glauben, aber damals musste man sich noch vor dem eigentlichen Spiel sportlich betätigen und konnte seinen Hintern nicht auf der Fahrt vom einen Dorf(ende) zum anderen im Auto ausruhen …

1945 hatte in Deutschland die Stunde Null geschlagen: Das Land lag in Trümmern und wurde aufgeteilt wie eine Torte. Unser Kuchenstück wurde zur DDR deklariert und mit dem politischen wurde auch das Fußballsystem umgekrempelt. Unabhängige Vereine waren unerwünscht und kamen unter die Hoheit eines Trägerbetriebes. Für Zöschen war das die Maschinen-Traktoren-

Station MTS, was dem Verein den neuen Namen *Traktor Zöschen* einbrachte. Nicht unbedingt spritzig, aber zumindest ausdauernd und kraftvoll, wenn auch etwas knatternd. Aber es hätte kommunistisch schlimmer kommen können: Man stelle sich nur *SV Roter Rübenheber* vor ...

Allerdings wäre vor allem für die Schülermannschaft Ende der 60er Jahre ein Rübenheber gar keine schlechte Idee gewesen, um die unterirdische Spielkultur ein wenig in höhere Gefilde zu befördern. Es ist wirklich traurig: Jedes Wochenende kommt der Sprössling mit hängenden Schultern nach Hause, nachdem die Mannschaft schon wieder eine gehörige Torabreibung kassiert hat. Das hält kein Fußballervaterherz aus. Was blieb meinem Opa, Hans Klaus, also anderes übrig, als sich selbst an den Rand zu stellen und die Gurkentruppe auf Vordermann zu bringen?

Innerhalb eines Jahres erspielten sich die ehemaligen Tabellenschlusslichter die Kreismeisterschaft 1970/71 und läuteten eins der erfolgreichsten Jahrzehnte des Zöschener Fußballs ein. 1973 holte sich die Schülermannschaft erneut die Kreismeisterschaft (im Hallenfußball) und der Verein wurde 1976/77 für die gute Nachwuchsarbeit mit Auszeichnungen geehrt. Die Schülermeister von '71 wuchsen heran und trumpften schließlich auch in der ersten Mannschaft auf: In der Saison 1977/78 wurden sie Kreismeister und stiegen in die Bezirksliga auf. Zöschen hatte es als kleiner Verein schwer gegen die starken Konkurrenten, deren Rücken von finanzkräftigen Betrieben gestärkt wurde: Leuna (Chemiewerk), Lützkendorf (Mineralölwerk), Beuna und Mücheln (Braunkohlebetriebe). Doch wie schon in der Bibel ließ sich David von Goliath keineswegs unterkriegen. Neben den oben genannten Erfolgen fuhr die Jugendmannschaft 1979/80 erneut den Titel Kreismeistertitel ein – nur ein Jahr, nachdem Zöschen im Republikmaßstab als „vorbildliche Sektion" ausgezeichnet worden war. Mit 165 Vereinsmitgliedern war Zöschen der kleinste Verein unter den Preisträgern – und stellte doch insgesamt 11 Fußballmannschaften! Das bekommt heute die gesamte Aue nicht mehr zusammen ...

Dank der guten Beziehungen des Sektionsleiters Georg Sternal musste Zöschen nicht nur im eigenen Saft des Merseburger Umkreises schmoren, sondern knüpfte Partnerschaften mit Fußballvereinen in Polen, Tschechien und anfänglich sogar der Bundesrepublik. Jährlich wurden gegenseitige Besuche und Freundschaftsspiele organisiert. Nach der Wende kam es 1990 sogar zu einem besonderen Wiedersehen. 1957 hatte Zöschen ein erstes Freundschaftsspiel gegen die Fußballer aus dem niedersächsischen Rethen bestritten. Nun, 33 Jahre später, war der Weg endlich wieder frei, um die Freundschaft zu erneuern. Doch nicht nur Wiedersehen brachte die neuangebrochene Zeit, sondern auch einen Abschied: Aus *Traktor Zöschen* wurde der *SV Zöschen 1912 e.V.*

Zwei Kriege, fünf Regimes … und wir spielen immer noch, seit mittlerweile 107 Jahren ohne Unterbrechung. Und sogar weiterhin erfolgreich. Erst im vergangenen Jahr schaffte es unsere Elf, den Meisterpokal der Saalekreisliga zu holen und den Aufstieg in die Kreisoberliga perfekt zu machen. Auch in der Nachwuchsarbeit hat sich viel getan: Was 2005 mit zwölf Kindern begann, ist heute eine talentierte Truppe aus 50 Nachwuchsfußballern. Außerdem wurden 2009 aus 100 verdienstvollen Übungsleitern die fünf besten ausgewählt und in Hamburg ausgezeichnet – darunter auch Wolfgang Voigt aus Zöschen.

… und Schlusspfiff!

Ach, was sage ich, jedes gute Spiel geht in die Verlängerung.

**Erst spielen, dann singen** – Unsere Fußballer konnten nicht nur kicken und schauspielern, sondern auch musizieren. Ob nun mit einem Hammer auf einem leeren Alubierfass oder *La Paloma* auf einer alten Säge: Denkwürdige Auftritte gab es zur Genüge. Und als ich den Test machte und meinen Vater aus dem Blauen heraus nach dem Zöschener Fußballlied der Schwarz-Weißen fragte, konnte er mir fast den gesamten Text noch aus dem Effeff herbeten.

**Spielerankauf anno dazumal** – Ja, heutzutage muss man horrende Ablösesummen zahlen, Transferperioden abwarten, sich mit Bürokratie herumschlagen ... Da lief das in den 1970er und 1980er Jahren in Zöschen glatter: Aufgrund des Spielermangels fragte Georg Sternal bei einer russischen Garnison um Unterstützung an. Die brauchten gerade dringend ein bestimmtes Ersatzteil, was mein Nachbar ihnen beschaffte. Daraufhin der Leutnant: „Willst du Geld?" Die Antwort: „Nein, ich will Spieler." – „Kriegst du!" Fertig war der Salat.

**Fußball ist nicht alles** – Manche mögen es kaum glauben, aber ja, es existieren auch noch andere Sportarten neben Fußball. Und so wurde auch der *SV Zöschen 1912 e. V.* im Laufe der Zeit um mehrere Abteilungen erweitert.

Natürlich ist Fußball an sich kein reiner Männersport (mehr) und auch in Zöschen kickt bereits seit einigen Jahren eine eigene Frauenmannschaft, die *SG Kötzschau/Zöschen*, mit mittlerweile vielen in Zöschen ausgebildeten Spielerinnen das runde Leder erfolgreich in der Regionalklasse in gegnerische Tore und liegt derzeit auf Tabellenplatz drei.

Bereits 1967 wurde die Gymnastikabteilung des SV Zöschen gegründet und nach einer zwischenzeitlichen Ruhepause schließlich 1996 wiederbelebt. Sie umfasst heute etwa 20 Mitglieder, die jeden Mittwochabend bei Yoga, Aerobic, Pilates und Entspannung nach Jacobsen vom Alltagsstress abschalten.

Etwa 10 Jahre später, 1978, kam die Tischtennisabteilung hinzu, die heute 39 Mitglieder, darunter 6 Nachwuchsspieler, umfasst. Seit Januar 2019 wird das Jugendtraining in Kooperation mit der Zöschener Sekundarschule *Bertold Brecht* gestaltet. Seit der Saison 2018/19 messen sich unsere Tischtennisspieler auch in der Kreisklasse des Tischtennis-Verbands Sachsen-Anhalt (TTSVA) mit anderen Mannschaften.

Zu guter Letzt wird seit August 2016 in unserem Ort nicht nur mit dem Fuß gegen den Ball getreten, sondern auch mit der Hand gegen den Ball geschlagen: Die 35 Mitglieder der Volleyball-Sektion verteilen sich auf zwei gemischte Mannschaften und spielen seit der Saison 2018/19 in der Kreisoberliga des Volleyballverbands Sachsen-Anhalt (VVSA).

**Abbildung 25 - Gründungsmitglieder des SV Zöschen**

Abbildung 26 - Kreismeister der Saison 1970/71

Abbildung 27 - Erste Mannschaft des SV Zöschen 1912 in der Saison 2017/18

## MIT PAUKEN UND TROMPETEN

Edelweiß:  Substantiv, Neutrum

Pflanze des Hochgebirges, deren weißlich gelbe Blü-
tenköpfchen sternförmig von weißen, filzigen Hüll-
blättern eingefasst sind[65]

Oder um es ein wenig poetischer auszudrücken:

> Von den höchsten Bergen
> Kommst Du so weit her!
> Weiße, sammt'ne Blume
> Interessierst mich sehr.
>
> Hast gar viel gesehen,
> Fels und Berg und Tal,
> All' die grünen Seen,
> Wunder ohne Zahl.
>
> Und des Eises Grotte,
> Und des Gletschers Wand,
> Rauschende Luzzine,
> Schwarz und weiß genannt.
>
> [...]
>
> Deine Heimat, Blümlein,
> Edelweiß genannt,
> Ist ein kleines Eden,
> Schön das Schweizerland.[66]

Keine Angst, liebe Leser, ich bin weder betrunken noch habe ich
mich plötzlich im Genre vertan oder widme mich aus einer göttli-
chen Eingebung heraus statt der Ortsgeschichte nun der Botanik
und Lyrik. Wir befinden uns auch nicht in der Schweiz, ja, noch
nicht einmal in einem Mittelgebirge. Doch obwohl Zöschen eine
Höhenlage von gefühlt unter Null aufweist und wir unser Grund-

---

[65] Duden: s. v. Edelweiß.
[66] Kemper, Friederike (1903): Gedichte. Berlin: Holzinger, S. 125–126.

wasser mit einer Sandkastenschaufel erbuddeln können, besitzen wir doch seit Jahrzehnten mitten im Dorf einen ganzen Strauß dieser berühmten Hochgebirgspflanze. Und noch eine Besonderheit haben unsere Edelweiße an sich: Im Gegensatz zu ihren sternbeblätterten Namensvettern kann man sie zwar schlecht dekorativ in eine Vase stellen, doch statt nur stumm lieblich die Köpfchen zu neigen und Duft zu verbreiten, schmettern sie uns, wann immer sich die Gelegenheit bietet, aus voller Brust einen Gassenhauer nach dem anderen – und das mit Unterbrechungen bereits seit über 80 Jahren.

Am 17. Dezember 1931, passenderweise kurz vor dem 4. Advent, zu einer Zeit des Jahres, in der allerorts die Engelstrompeten erschallen, beschlossen die vier „Golegen" (ja, der Dialekt in diesem Rechtschreibfehler in der Gründungsurkunde ist unverkennbar) Franz Engelmann, Otto Biermann, Paul Stange und Erich Bühligen den *Musikverein Edelweiss Zöschen* zu gründen. Warum ausgerechnet *Edelweiß*? Nichts Genaues weiß man nicht, aber zugegebenermaßen klingt es doch schöner als *Blasorchester Trompetenblume*.

Aus dem anfänglichen Quartett wurde bald eine ganze Blaskapelle, die stolz den frischgebackenen Zöschener Fußballkreismeistern von 1936 vom Sportplatz bis in die Kneipe *Deutsches Haus* voranmarschierte (... wie gern würde ich jetzt schreiben: „Und dort ihre Trompeten gegen Sektflöten eintauschte", aber trotz des wunderschönen Wortspiels geht die dichterische Freiheit hier dann doch zu weit). Die Herrlichkeit hielt jedoch nicht allzu lange an.

Während des Zweiten Weltkrieges fanden zwar noch Proben, aber keine Auftritte mehr statt und auch die Mitgliederzahl schrumpfte aufgrund der Einberufungen drastisch, bis die eigentliche Blaskapelle *Edelweiß* nur noch auf dem Papier existierte.

Nach dem Krieg kam es zu einer Wiederbelebung – allerdings als moderne Tanzkapelle inklusive Schlagzeuger und Stehgeiger, deren Ensemble komplett von der Familie Bühligen gestellt wurde.

Mitgründer Erich Bühligen, sein Sohn Erich junior und vier musikbegabte Onkel brachten ein Jahrzehnt lang in den Zöschener Gaststätten den Tanzboden zum Beben und hielten nebenbei auch noch die Tradition der Blaskapelle aufrecht. Gegen 1963 war es damit allerdings auch vorbei. Die meisten Mitglieder waren bereits Rentner und mussten altersbedingt das Blechblasinstrument an den Nagel hängen. Mit den falschen Dritten musiziert es sich nicht mehr so gut, wie ich aus vertrauenswürdiger Quelle erfahren habe. Es sah beinahe so aus, als wäre unser dorfeigenes Alpenblumenbüschel eingegangen, doch knapp zehn Jahre später zeigten sich überraschend wieder erste Knospen.

Der damalige Schulleiter Walter Damm kam auf die Idee, in Zöschen eine Schalmeiengruppe zu gründen, wie es sie in seiner alten Schule in Roßbach gegeben hatte. Leider – oder aus Sicht der stillgelegten Blaskapelle glücklicherweise – verfügte Zöschen nicht über die nötigen finanziellen Mittel, um eine solche Gruppe auszurüsten. Man konnte zwar nicht mit Schalmeien dienen, aber wenn die Jugend schon musizieren sollte, warum dann nicht auf althergebrachte Art und Weise?

Zur gleichen Zeit versuchte Erich Bühligen junior die Schuhmacherwerkstatt seines Vaters zu übernehmen, hatte jedoch Probleme, eine Gewerbegenehmigung von der SED-Kreisleitung zu bekommen. Diese schlug ihm schließlich vor, im Austausch für eine Genehmigung ein Jugendblasorchester mitzugründen und die musikalische Leitung zu übernehmen. Bühligen setzte daraufhin die eingestaubten Instrumente der Vorgängerkapelle wieder instand, während es Damm gelang, noch weitere Instrumente günstig von einem aufgelösten Orchester zu erwerben, sodass beide die neue, bald 30 Mann starke Zöschener Blaskapelle ausstatten konnten.

Doch wie bei einer regelmäßigen Sinuskurve ging es auch mit dem Jugendorchester nach etwa zehn Jahren wieder bergab. Ende der 1970er Jahre hatten die meisten Mitglieder die Schule beendet, arbeiteten oder wurden zum Armeedienst eingezogen, sodass kaum noch aktive Musiker vorhanden waren. Zu einem ganzen Blasorchester reichte es nicht mehr, doch eine kleinere Kapelle ließ sich noch stellen. Ganz nach dem Motto „aus alt mach neu" wurden die Übriggebliebenen kurzerhand in schicke Uniformen gesteckt und 1978 an die Freiwilligen Feuerwehr angegliedert. Aus dem Jugendblasorchester der Schule war nun die Zöschener Feuerwehrkapelle geworden.

Weiterhin der Sinuskurve folgend stiegen die Mitgliederzahlen in den 80er Jahren wieder an und 1986 schaffte die Kapelle es sogar ins Fernsehen: Zu Ehren des 100. Geburtstages eines Feuerwehrmannes aus Oberröblingen wurde die Zöschener Feuerwehrkapelle zusammen mit zwei weiteren Feuerwehrkapellen des Bezirkes Halle in die bekannte DDR-Samstagabendsendung *Wennschon, dennschon* mit Hans-Joachim Wolfram eingeladen. Anscheinend bereitete es Nicht-Zöschenern schon damals Probleme, unseren Ortsnamen richtig auszusprechen. Arndt Hofmann musste Hans-Joachim Wolfram erst einmal die Krux des lang ausgesprochenen –ö erklären, mit dem Ergebnis, dass Wolfram der Blaskapelle in der Anmoderation ein extralanges –ö schenkte.

Nach der Wende legten die Mitglieder der Blaskapelle ihre Feuerwehruniformen wieder ab und benannten sich endlich offiziell in den schon lange im Volksmund gebrauchten Namen *Edelweiß* um, welcher zu DDR-Zeiten von behördlicher Seite nicht erwünscht gewesen war. Nach dem Ausscheiden des langjährigen Leiters Erich Bühligen junior beschlossen die verbleibenden Mitglieder, einen eingetragenen Verein zu gründen: *Blaskapelle Edelweiß e.V.* 2006 wurde schließlich der ehemalige Sparkassencontainer sogar in einen eigenen Probenraum verwandelt.

Über die Jahre kamen mehr und mehr Auftritte hinzu, sodass *Edelweiß* nicht mehr nur bei Feiern und Festen in der Umgebung spielt, sondern auch auf Tournee geht, wie z. B. ins bayerische Warmensteinach, nach Tschechien, Polen … Drei Mitglieder der Truppe haben sogar bei einem Oktoberfest im irakischen Erbil für die passende Unterhaltung gesorgt. Und wie es sich für eine erfolgreiche Musikgruppe gehört, konnten sich Fans beim 30-jährigen Jubiläumskonzert in Zöschen an einem eigens eingerichteten Stand mit Bandshirts und Merchandise eindecken.

Und auch den roten Fernsehteppich haben die Jungs wiedergesehen: Beim Jubiläumskonzert zum 35-jährigen Bestehen wurden Spendengelder in Höhe von 1300 Euro gesammelt, welche für die José-Carreras-Leukämie-Stiftung bestimmt waren. Der MDR lud daraufhin die beiden Mitglieder Freimut Hofmann und Rudi Novack zur TV-Gala ein, bei welcher sie den Scheck persönlich an den großen Opernsänger überreichen konnten.

Im Jahr 2016 feierten die Zöschener Flachland-Edelweiß bereits ihr 45-jähriges Bestehen. Ausgehend von der Urgründung wäre es sogar der 85. Geburtstag gewesen. Und entgegen aller botanischer Wahrscheinlichkeiten stehen sie noch immer in voller Blüte.

Abbildung 28 - Blaskapelle „Edelweiß" 1937

Abbildung 29 - Blaskapelle "Edelweiß" zum 40-jährigen Jubiläum 2011

# FEUER UND FLAMME

Als die Zöschener Bauern am 29. September 1710 wie jedes Jahr am Michaelistag prüfend gen Himmel schauten, um herauszufinden, ob der Herbst sich bereits ankündigte und ihnen ein baldiger Wintereinbruch bevorstand, sahen sie zu ihrem Entsetzen, wie aus Westen schwarze Rauchwolken in Richtung Dorfmitte zogen. Heftige Windböen fachten die Flammen an und trieben sie von einem strohgedeckten Dach auf das nächste. Mit Stroh und Erntevorräten gefüllte Scheunen brannten lichterloh und wie eine hungrige Bestie fraß sich das Feuer immer weiter die Leipziger Straße hinunter und in den Neumarkt hinein. Durch die prasselnden Flammen hindurch drang das hektische Läuten der Kirchenglocken, das von jeher Gefahr verkündet hatte. Mit ledernen Eimern und aus Besenstielen und großen Lappen zusammengebauten Feuerpatschen bewaffnet, versuchten die Zöschener den Brand zu bekämpfen, doch die Flammenwände loderten bereits zu hoch, als dass sie mit diesen einfachen Mitteln noch hätten gelöscht werden können. Das Feuer wütete bis in die Abendstunden hinein und als sich der Rauch mit Anbruch des nächsten Morgens langsam lichtete, erkannten die Einwohner das ganze Ausmaß des großen Brandes: 32 Häuser, fast die Hälfte des gesamtes Ortes, waren vernichtet worden. Das Feuer am Michaelistag 1710 sollte als das „große Unglück"[67] in die Geschichte des Ortes eingehen.

Doch erst 1743, 33 Jahre nach der Katastrophe, entstand das erste Löschhäuschen in der Mitte des Dorfplatzes. Ausgestattet mit einer Feuerspritze, Eimern und Feuerpatschen sollte es den Ort vor künftigen Bränden schützen, aber Feuer bei Stroh brennt lichterloh, wie es so schön heißt. Und die mit Stroh oder Schilf gedeckten Häuser boten den kleinsten Funken gute Nahrung, sodass das am 2. Mai 1747 in der Feldgasse ausgebrochene Feuer 52 Gehöfte in Schutt und Asche legte.

---

[67] Heinicke, Friedrich (o. J.): Chronik der Parrochia Zöschen früher und jetzt. Nicht veröffentlicht. S. 9.

In den kommenden Jahrzehnten und Jahrhunderten schafften es die Zöschener jedoch, kleinere Brände mithilfe einer Handspritze und Schläuchen rechtzeitig im Keim zu ersticken, sodass es zu keinen dorfweiten Brandkatastrophen mehr kam. Schließlich wurde eine Spritze angeschafft, die man an einen Pferdewagen anspannen und so schneller an den Unglücksort transportieren konnte. Man stellte sie in einem neu errichteten Spritzenhaus nördlich der Kirche unter – am gleichen Fleck, der bis 2014 als Hauptquartier der Zöschener Freiwilligen Feuerwehr diente. Ein sogenannter Vorspanndienst wurde organisiert: In der Gaststätte *Deutscher Hof* verkündete ein Plan, welcher Bauer an welchen Tagen im Falle eines Feueralarms seine Pferde einspannen und die Spritze holen musste.

Es brauchte allerdings noch einen weiteren großen Brand, welcher 1926 die Wassermühle zerstörte, bis im Ort offiziell eine Freiwillige Feuerwehr gegründet wurde. Und das war auch bitter nötig – waren doch die Kollegen aus Leipzig an diesem Tag eher zur Stelle, um die an die Stadt verpachtete Mühle zu retten, als die Zöschener Löschbrigade. Um ihr Hab und Gut künftig besser zu schützen, ließ die Stadt sogar ein paar Heller springen und rüstete die Dorfkameraden auf. Mit offizieller Satzung, neuer Motorspritze und schickem Auto zum Ziehen spritzte es sich deutlich besser. Und es sollte nicht lange dauern, bis sich die Zöschener Feuerwehrmänner bei den Leipzigern revanchieren konnten: Bei Bombardierungen der Stadt im Zweiten Weltkrieg rückten sie immer mit aus, denn Leipzig brannte oft so stark, dass der Ostwind angekohlte Papierfetzen der Buch- und Druckstadt sogar bis ins Auegebiet wehte.

Im Gegensatz zu anderen Vereinen und Organisationen schaffte es die Freiwillige Feuerwehr, die Nachkriegszeit und die kommenden Jahrzehnte ohne größere Probleme oder Einbrüche bei den Mitgliederzahlen zu überstehen. 1978 wurde sie sogar zu einer Art Auffangbecken für die wenigen noch übriggebliebenen Mitglieder der Blaskapelle *Edelweiß*. Erinnern Sie sich noch? Mit neuen Uniformen und einem neuen Namen waren die Musiker kurzerhand in eine Feuerwehrkapelle verwandelt worden.

Und auch heute ist die Freiwillige Feuerwehr noch fester Bestandteil des Dorfes. Zwar wurde im Mai 2014 feierlich ein neues Depot im Gewerbegebiet zwischen Zöschen und Göhren eröffnet, doch das alte Feuerwehrgebäude an der Kirche, welches über 100 Jahre als Hauptquartier unserer Brandbekämpfer diente, ist noch immer Teil des Ortsbildes. Und spätestens der wöchentliche Probealarm, den die Sirene seit einer gefühlten Ewigkeit jeden Mittwoch durch das Dorf schallen lässt, erinnert uns an unsere feurigen Jungs und Mädels, die immer zur Stelle sind, wenn wir sie brauchen: Ob nun bei einem Brand, bei Unfällen auf der nahegelegenen Autobahn, bei Hochwasser oder als freiwillige Helfer bei Arbeitseinsätzen.

**Abbildung 30 - Freiwillige Feuerwehr Zöschen-Zweimen**

**Abbildung 31 - Ehemaliges Feuerwehrgebäude neben der Kirche**

# REGIONALE KÖSTLICHKEITEN

Zu guter Letzt nun noch ein Kapitel, das in keinem noch so entarteten Reiseführer, der etwas auf sich hält, fehlen darf: lokale Spezialitäten. Ich würde Ihnen jetzt gern eine Palette an gaumenkitzelnden Leckereien aufzählen, die jedem Feinschmecker das Wasser im Mund zusammenlaufen lassen, doch da sich dieses Buch noch nicht einmal auf eine Region, sondern nur auf einen einzigen Ort beschränkt, ist die Auswahl leider etwas begrenzt …

Auch nach vielem Hin- und Herüberlegen ist mir kein Gericht eingefallen, das sich auf unsere Häuseransammlung eingrenzen lässt. Das wäre zugegebenermaßen auch reichlich seltsam. Aber da wir schließlich für unsere Kuchen berühmt sind und es in meiner Familie noch zwei Essenstraditionen gibt, die in hausgemachter Form nicht mehr allzu bekannt sind, habe ich mir gedacht, dass ich Ihnen als kleinen kulinarischen Abschluss dieser Schatzsuche im Auendorf Zöschen drei Familienrezepte mit auf den Weg gebe. Bon Appetit!

## DER KUCHEN MEINER KINDHEIT

Als Hommage an das alljährliche Kuchenessen und als Erinnerung an meine Großmutter ist das erste Familienrezept, das ich Ihnen verrate, ein Rührkuchen – schlicht, aber mit dem gewissen Extra und bei jedem Fest ein Erfolgs- und Gelinggarant.

Man nehme:

| | | |
|---|---|---|
| 200g Butter | Milch | 1 Päckchen Backpulver |
| 100g Zucker | Mehl | 1 Päckchen Vanillezucker |
| 3 Eier | 1 Zitrone | Mineralwasser |

Die weiche Butter mit dem Zucker vermischen. Die Eier dazugeben und verrühren. Eine Tasse jeweils zur Hälfte mit Milch und Mineralwasser füllen und dazugeben. Anschließend dreimal

3 Esslöffel Mehl mit dem Quirl unterrühren. Den Teig anschließend mit dem Rührgerät bearbeiten, bis er geschmeidig ist. Zitronenschale, 2 Esslöffel Mehl, Backpulver und Vanillezucker hinzugeben und unterrühren. Der Teig hat die richtige Konsistenz, wenn er sich zäh vom Quirl löst. Anschließend die Backform gut einfetten und den Kuchen ca. 45 Minuten lang bei 175°C backen.

Der eigentliche Clou an der ganzen Sache ist allerdings die Glasur: Rum-Schoko. Der einzig wahre Weg, einen Rührkuchen abzuschließen:

Kakao                       Rum
Kokosfett                   Puderzucker

Etwa eine halbe Packung Puderzucker mit einem guten Schluck Rum vermischen und glatt rühren. Den Kakao hinzugeben, bis die Masse zäh wird. Anschließend eine dünne Scheibe Kokosfett schmelzen und dazugeben. Die Masse erneut glatt rühren, auf den Kuchen geben und kalt stellen, damit die Glasur fest wird.

## ZÖSCHENER STOLLE

Weihnachten beginnt in meiner Familie traditionell eine Woche vor dem ersten Advent: Da werden die schon antik zu nennende, wagenradgroße Schüssel aus der Abstellkammer geholt (ich habe wirklich keine Ahnung, wo meine Mutter und ich so ein Ungetüm herbekommen sollen, wenn unsere einmal kaputt geht), kiloweise Mehl gesiebt, Zitronen gerieben, Mandeln geraspelt und Rosinen in Rum eingelegt. Das Stollenbacken ist eine wahre Familienaufgabe: Wie meistens im Leben führen die Frauen das Kommando und die Männer gehen zur Hand, bis endlich das traditionsreichste Weihnachtsgebäck Deutschlands fertig aus dem Ofen kommt und mindestens eine Woche lagern muss, bevor es angeschnitten werden kann. Eine wahre Zeit der Leiden und Prüfungen, wenn man jeden Tag daran vorbeigeht, einem der unvergleichliche Duft in die Nase steigt und das Wasser im Mund zusammenläuft.

Natürlich sind Stollen keine regionale Spezialität und die Dresdner werden jetzt zu Recht aufschreien, dass sie die ganze Chose erfunden haben. Gefühlt ab September türmen sich Stollen zu hunderten in allen möglich Supermärkten und bei Bäckern, aber haben Sie schon einmal gekaufte mit selbstgebackener Stolle verglichen? Wenn ja, erübrigt sich jede weitere Erklärung. Wenn nicht, möchte ich Ihnen mein herzliches Beileid ausdrücken. Aber diesem traurigen Umstand kann Abhilfe geschaffen werden.

| | |
|---|---|
| 500g Butterschmalz | 3kg Mehl |
| 500g Margarine | 1l Milch |
| 250g Butter | 7 Stück Hefe |
| 250g Kokosfett | 2 Pack Vanillezucker |
| 500g süße Mandeln | 2 Becher Zitronat |
| 500g Rosinen | 3 Zitronen |
| 600g Zucker | 1 Prise Salz |
| 4 Fläschchen Bittermandelaroma | |

Außerdem für den letzten Schliff nach dem Backen:

1 Stück Butter
5 Päckchen Vanillezucker
Puderzucker

Das Mehl in eine große (wirklich große) Schüssel sieben, den Zucker darauf verteilen und eine kleine Mulde in der Mitte bilden. Die Hefe in warmer Milch verrühren und in die Mulde geben. Die Schüssel mit Papier abdecken und das Gemisch an einem warmen Ort (am besten neben dem brennenden Ofen oder Kamin, wenn vorhanden) eine halbe Stunde gehen lassen.

Zu dem gegangenen Teig 2 Pack Vanillezucker und 4 Fläschchen Bittermandelaroma hinzufügen. Die Schale von drei abgeriebenen Zitronen und deren Saft hinzufügen, außerdem Butter, Butterschmalz, Margarine, Kokosfett und eine Prise Salz. Die Masse mit gespreizten Finger gut durchwalken (nicht kneten; im Dialekt würden wir auch „durchmanschen" sagen).

500 Gramm geraspelte süße Mandeln, die über Nacht in Rum eingelegten Rosinen und das Zitronat hinzugeben und alles durchkneten, bis der Teig nicht mehr an der Schüssel klebt. Zur Not kann mehr Mehl hinzugefügt werden.

Den Teig noch einmal abgedeckt etwa eine halbe Stunde an einem warmen Ort ziehen lassen.

Den erneut leicht gegangenen Teig anschließend in 5 gleich große Teile von ca. 1,5 Kilo portionieren. Die einzelnen Portionen nacheinander unter Zugabe von etwas Mehl breit kneten, länglich einrollen und in die eingefettete Stollenformen geben. Die Oberseite der Länge nach in der Mitte leicht einschneiden. Die Stollen müssen in einem gut vorgeheizten Ofen bei 175°C etwa 45 Minuten lang backen.

Nach dem Backen müssen die Stollen etwa fünf Minuten abkühlen. Währenddessen ein Stück Butter zum Bestreichen flüssig werden lassen. Die noch warmen Stollen aus der Form gleiten lassen, mit der flüssigen Butter bestreichen, ein Päckchen Vanillezucker in den eingeschnittenen Riss streuen und die gesamte Stolle mit Puderzucker bestäuben.

## ALLE JAHRE WIEDER HABEN WIR DEN SALAT

Jede Region Deutschlands hat ihr eigenes traditionelles Weihnachtsgericht. Während in bestimmten Gegenden schon am Heiligen Abend Gans oder Gebratenes aufgetischt wird, halten wir es etwas bescheidener. Bei vielen Familien gibt es Kartoffelsalat und Würstchen, doch ist das eigentliche althergebrachte Traditionsgericht der Gegend der sogenannte Heringssalat. Anders als man vermuten könnte, besteht der allerdings nur zu einem geringen Teil aus Fisch und ist ein Potpourri der verschiedensten Zutaten. Und falls Sie es einmal ausprobieren möchten, kommt hier wie versprochen das hauseigene Rezept:

| | |
|---|---|
| 1 Zwiebel | 500g Fleischsalat |
| 1 Knoblauchzehe | 300g Jagdwurst |

| | |
|---|---|
| 1 gekochte Kartoffel | 300g Salami |
| 1 Glas Kapern | 300g Schinken |
| 1 ½ Glas Mayonnaise | 300g Hering |
| Kaffeesahne | 300g Blutwurst |
| Saure Gurken | 8 Eier |
| Paprikapulver | |

Die gekochte Kartoffel mit der Knoblauchzehe auf dem Schüsselboden zerdrücken. Zwiebel in Würfel schneiden und zusammen mit Fleischsalat und Kapern hinzugeben. Jagdwurst, Salami, Schinken, Blutwurst und saure Gurken klein schneiden und zufügen. Mayonnaise und ein wenig Kaffeesahne unterrühren. 3-4 Eier klein schneiden und zugeben. Hering ebenfalls in Stückchen geschnitten hinzufügen. Salat gut durchrühren und mit Pfeffer und Salz abschmecken. Die restlichen Eiern vierteln, damit den Salat garnieren und mit etwas Paprikapulver bestreuen. Den Salat bis zum Abend durchziehen lassen und dann mit getoastetem Weißbrot servieren.

# DANKSAGUNG

An dieser Stelle möchte ich mich ganz herzlich bei allen bedanken, die mit ihren Informationen, Dokumenten, Erinnerungen und Bildern sowie ihrer Unterstützung und ihrer Begeisterung für die Artikelreihe *Auf Schatzsuche...* im Stadtanzeiger Leuna dieses Buch erst möglich gemacht haben. Wenn es formatierungstechnisch möglich wäre, würde ich am liebsten jeden einzelnen an erster Stelle nennen. Doch da das leider nicht funktioniert und um niemanden zu vergessen, werde ich mich chronologisch von der ersten bis zur letzten Seite durcharbeiten.

Vielen Dank an:

Den Landkreis Saalekreis, die Stadt Leuna, den Heimat- und Geschichtsverein Zöschen e.V. und die Ortschaftsräte von Zöschen, ohne die dieses Buch nie zustande gekommen wäre. Im Besonderen möchte ich mich bei Andrea Engelmann, Kathrin Krüger und Edda Schaaf bedanken, die mir von Anfang an mit Quellenmaterial, Ideen und voller Einsatzbereitschaft zur Seite standen.

Wilhelm Hofmann, der mir die Aufzeichnungen seiner persönlichen Erinnerungen an die Zeit des Zweiten Weltkriegs anvertraut hat.

Roland Hülßner, der mich mit allerhand Material über die Geschichte Zscherneddels und die kleinen Streitigkeiten zwischen unseren beiden Ortsteilen versorgte.

Doris Ramthor, die mir bei einer heißen Tasse Tee ihre Familiengeschichte erzählte und mir ganz neue Einblicke in das Müllerhandwerk verschaffte.

Annette Krüger und den Verein Zöschener Kuchenessen e.V., die jedes Jahr mit Herzblut eine neue Ausgabe unseres traditionellen Dorffestes auf die Beine stellen und auch mit Bildmaterial nicht geizten.

Adina und Wolfram Frommann für den fantastischen alten Artikel über die Geschichte des Zöschener Kuchenessens und all die Dateien auf USB-Stick.

Hartmut Berger und den RGZV Zöschen e.V., die mir alles Wissenswerte über die Geschichte der Zöschener Rassegeflügelzucht zukommen ließen.

Ruth und Georg Sternal für all das umfassende Zöschener Fußballwissen, die wunderbare Nachbarschaft und den leckeren Rhabarber.

Tobias Tschäpe und den SV Zöschen 1912 e.V. für die vielen Informationen und Bilder.

Rudolf Novak und die Blaskapelle Edelweiß Zöschen e.V. für die musikalische Untermalung jedes Festumzugs, unzähliger runder Geburtstage, Dorfveranstaltungen und natürlich für all die geschichtlichen Informationen und die Bilder.

Marcus Frenkel und die Freiwillige Feuerwehr Zöschen-Zweimen für ihren immerwährenden ehrenamtlichen Einsatz und ihre Bereitschaft in Notsituationen sowie das wunderbare Bildmaterial.

Andreas Becker für die Erarbeitung einer detaillierten Chronik über die Geschichte der Zöschener Feuerwehr und die Gestaltung der Chronik der Parrochia Zöschen.

Kerstin Loga für die vielen alten Bilder unseres Ortes.

Meine Korrekturleserin Maria Rudschewski, die sich nach zwei Masterarbeiten nun auch noch voller Eifer durch dieses Buch gearbeitet und sich dafür einen riesigen fruktosefreien Keks verdient hat.

Und natürlich meine Familie – meine Eltern Christina und Wolfgang Klaus sowie mein Opa Hans Klaus – die sich über keine meiner Verrücktheiten mehr wundern, jedes ungewöhnliche Projekt unterstützen und mir bei allem, was ich tue, zur Seite stehen.

# Literaturverzeichnis

Duden: S. V. Edelweiß.
https://www.duden.de/rechtschreibung/Edelweisz

Duden: S. V. Salär.
https://www.duden.de/rechtschreibung/Salaer

Eichendorff, Joseph von (1987): „Heimkehr". In: *Gedichte. Versepen*. Frankfurt a. M./Leipzig: Deutscher Klassiker Verlag.

Engelhardt / Merkel (1798): *Neuer Kinderfreund. VII. Bändchen*. Leipzig: Ambrosius Barth.

Fabri, Johann Ernst (1791): *Geographie für alle Stände. Ersten Theils, dritter Band, welcher den Beschluß vom fränkischen Kreise und einige Abschnitte vom obersächsischen Kreise enthält*. Leipzig: Schwickerscher Verlag.

Godden, Rudi (1937): „Ein Mädel wie du". Lied aus dem Tonfilm „Einmal werd ich dir gefallen". Komponist: Günther Neumann. Text: Herbert Witt. Berlin: Deutsche Grammophon GmbH.

Heinicke, Friedrich (o. J.): *Chronik der Parrochia Zöschen früher und jetzt*. Nicht veröffentlicht.

Hofmann, Wilhelm (o. J.): *Private Aufzeichnungen*. Nicht veröffentlicht.

Kemper, Friederike (1903): *Gedichte*. Berlin: Holzinger.

Mantzsch, Jörg (2005): *Georg Dieck – Botaniker aus Zöschen. Versuch einer Annäherung*. Ohne Verlag.

Nietzsche, Friedrich (2012): *Die fröhliche Wissenschaft*. Altenmünster: Jazzybee Verlag.

O.V. (1730): Landkarte „Das Stifft Merseburg".
http://www.saxosilesia.de/atlasselectus/merseburg_g_a.html

Pabst, Martin (2000): *Und ihr wollt nichts gehört noch gesehen haben?! Die Chronik des Arbeitserziehungslagers Zöschen vom Juli 1944 bis zum April 1945. Dokumente und Augenzeugenberichte.* Halle/Saale: Verlag Doris Mandel.

Pechuël-Loesche, Eduard (1887): *Kongoland.* Ohne Verlag.

Pechuël-Loesche, Eduard (1888): *Die Loango-Expedition, Teil III.* Ohne Verlag.

Pösche, Theodor (1878): *Die Arier. Ein Beitrag zur historischen Anthropologie.* Jena: Costenoble.

Schmekel, Alfred (1858): *Historisch-topographische Beschreibung des Hochstiftes Merseburg. Ein Beitrag zur Deutschen Vaterlandskunde.* Halle/Saale: Hermann Berner.

Schumann, August (1824): *Vollständiges Staats-, Post- und Zeitungslexikon von Sachsen. Elfter Band.* Zwickau: Verlag der Gebrüder Schumann.

Schurig, Emil (1933): *Das Heimatbuch für Merseburg Stadt und Land.* Leipzig: Schrödel.

# Bildnachweis

Abbildung 1 - Zwei Postkarten aus Zöschen, ca. um 1900
Mit freundlicher Genehmigung von Frau Edda Schaaf (Heimat-
und Geschichtsverein Zöschen e.V.)

Abbildung 2 - Karl XIV Johann von Schweden
Litographie von Hans Thöger Winther, 1831, Norwegische Natio-
nalbibliothek

Abbildung 3 - Grab von Louise Dieck auf dem Zöschener
Friedhof
Fotografin: Anja Klaus

Abbildung 4 - Kirche St. Wenzel
Fotografin: Anja Klaus

Abbildung 5 - Detailansicht der Ladegastorgel in der Zöschener
Kirche St. Wenzel
Fotografin: Anja Klaus

Abbildung 6 - Luther-Denkmal vor der Kirche St. Wenzel
Fotografin: Anja Klaus

Abbildung 7 - Kriegerdenkmal auf dem Zöschener Dorfplatz
Fotografin: Anja Klaus

Abbildung 8 - Müllermeister Theodor Zempel mit Familie
Mit freundlicher Genehmigung von Frau Doris Ramthor

Abbildung 9 - Zöschener Bockwindmühle mit Jalousieflügeln
Mit freundlicher Genehmigung von Frau Doris Ramthor

Abbildung 10 - Zöschener Bockwindmühle heute
Jwaller [CC BY-SA 3.0 (https://creativecommons.org/licenses/by-
sa/3.0)]
https://upload.wikimedia.org/wikipedia/commons/c/ce/Z%C3
%B6schenWindm%C3%BChle.JPG?uselang=de

Abbildung 11 - Arbeitslager Zöschen
Aus dem Privatbesitz von Cor Bart, mit freundlicher Genehmigung des Heimat- und Geschichtsvereins Zöschen e.V.

Abbildung 12 - Zwei Häftlinge in einer Lagerbaracke
Aus dem Privatbesitz von Cor Bart, mit freundlicher Genehmigung des Heimat- und Geschichtsvereins Zöschen e.V.

Abbildung 13 - Kriegsgräberstätte und Mahnmal in der Aue nördlich von Zöschen
Fotografin: Anja Klaus

Abbildung 14 - Raßnitzer See im Norden Zöschens, direkt am Jakobsweg
Fotografin: Anja Klaus

Abbildung 15 - Wanderweg in der Aue, nördlich von Zöschen, der sowohl Teil des Jakobs- und Gosewegs als auch der Salzstraße ist
Fotografin: Anja Klaus

Abbildung 16 - Dr. Georg Dieck
https://commons.wikimedia.org/wiki/File:Georg_Dieck.png / unbekannt († 1925) [Public domain], via Wikimedia Commons

Abbildung 17 - Villa der Familie Dieck heute
Fotografin: Anja Klaus

Abbildung 18 - Ansicht des heutigen Dorfparks
Fotografin: Anja Klaus

Abbildung 19 - Eduard Pechuël-Loesche, 1882
Fotograf unbekannt
https://www.geographie.hu-ber-lin.de/de/abteilungen/zentrale_dienste/geodaten/kartensammlu ng/PFS/bfphtml/BFP037b

Abbildung 20 - Eindruck der Loango-Expedition, gezeichnet von Eduard Pechuël-Loesche
Pechuël-Loesche, Eduard (1888): Die Loango-Expedition, Teil III. Ohne Verlag, S. 120.

Abbildung 21 - Dr. Theodor Pösche
Mit freundlicher Genehmigung des Heimat- und Geschichtsvereins e.V. Zöschen

Abbildung 22 - Logo des Zöschener Heimatfests
Mit freundlicher Genehmigung des Vereins Zöschener Kuchenessen e.V.

Abbildung 23 - Festumzug entlang der Dorfstraße, 1925
Mit freundlicher Genehmigung von Kerstin Loga

Abbildung 24 - Die große Torte führt jeden Festumzug an
Mit freundlicher Genehmigung des Vereins Zöschener Kuchenessen e.V.

Abbildung 25 - Gründungsmitglieder des SV Zöschen
Mit freundlicher Genehmigung des SV Zöschen 1912 e.V.

Abbildung 26 - Kreismeister der Saison 1970/71
Aus dem Privatbesitz der Autorin

Abbildung 27 - Erste Mannschaft des SV Zöschen 1912 in der Saison 2017/18
Mit freundlicher Genehmigung des SV Zöschen 1912 e.V.

Abbildung 28 - Blaskapelle „Edelweiß" 1937
Mit freundlicher Genehmigung der Blaskapelle Edelweiß Zöschen e.V.

Abbildung 29 - Blaskapelle "Edelweiß" zum 40-jährigen Jubiläum 2011
Mit freundlicher Genehmigung der Blaskapelle Edelweiß Zöschen e.V.

Abbildung 30 - Freiwillige Feuerwehr Zöschen-Zweimen
Mit freundlicher Genehmigung der Freiwilligen Feuerwehr
Zöschen-Zweimen

Abbildung 31 - Ehemaliges Feuerwehrgebäude neben der
Kirche
Fotografin: Anja Klaus

**FSC**
www.fsc.org

MIX

Papier | Fördert
gute Waldnutzung

FSC® C083411

Zeitfracht Medien GmbH
Ferdinand-Jühlke-Straße 7
99095 Erfurt, Deutschland
produktsicherheit@kolibri360.de